33 French Intermediate Conversations

French Interlinear Reader

Brian Smith

Copyright 2024

Brian Smith

For more books and E-book options visit:

www.briansmith.de

Cybercriminalité

Claire : J'ai entendu dire que la cybercriminalité est en pleine explosion ces dernières années. C'est devenu un problème vraiment sérieux.

Claire: I've heard that cybercrime has exploded in recent years. It's become a really serious problem.

Marc : Oui, c'est vrai. Avec la digitalisation de tout, les hackers ont plus d'opportunités que jamais. Les entreprises, les gouvernements, même les individus... tout le monde est à risque.

Marc: Yes, that's true. With everything going digital, hackers have more opportunities than ever. Businesses, governments, even individuals... everyone is at risk.

Claire : Mais est-ce vraiment si grave que ça ? Je veux dire, il y a des mesures de sécurité en place, non ? Les entreprises investissent beaucoup dans la cybersécurité.

Claire: But is it really that serious? I mean, there are security measures in place, right? Companies invest a lot in cybersecurity.

Marc : Ça ne suffit pas toujours. Les hackers sont de plus en plus sophistiqués. Ils exploitent les failles humaines, comme les erreurs de clics sur des liens douteux ou des mots de passe trop simples.

Marc: That's not always enough. Hackers are becoming more and more sophisticated. They exploit human weaknesses, like clicking on suspicious links or using simple passwords.

Claire : Mais si on est prudent, on peut éviter les risques, non ? Personnellement, je ne clique jamais sur des e-mails suspects, et j'utilise des mots de passe complexes.

Claire: But if we're careful, we can avoid the risks, right? Personally, I never click on suspicious emails, and I use complex passwords.

Marc : C'est bien, mais ça ne protège pas contre tout. Il y a des attaques qu'on ne peut même pas voir venir. Les ransomwares, par exemple, bloquent tes fichiers et demandent de l'argent pour les débloquer. Et ce ne sont pas seulement des individus qui sont touchés ; les hôpitaux, les écoles, même des villes entières ont été paralysés par ce genre d'attaques.

Marc: That's good, but it doesn't protect against everything. There are attacks you can't even see coming. Ransomware, for example, locks your files and demands money to unlock them. And it's not just individuals affected; hospitals, schools, even entire cities have been paralysed by these kinds of attacks.

Claire : Je trouve ça terrifiant. Mais certaines personnes disent que les hackers ne sont pas tous mauvais. Certains agissent même pour dénoncer des injustices, comme les lanceurs d'alerte.

Claire: I find that terrifying. But some people say hackers aren't all bad. Some even act to expose injustices, like whistleblowers.

Marc : C'est vrai que tous les hackers ne sont pas des criminels. Il y a les "white hats" qui travaillent pour renforcer la sécurité, et les "hacktivistes" qui attaquent des systèmes pour défendre des causes politiques ou sociales. Mais la frontière est floue entre l'activisme et la criminalité.

Marc: It's true that not all hackers are criminals. There are "white hats" who work to strengthen security, and "hacktivists" who attack systems to defend political or social causes. But the line between activism and criminality is blurry.

Claire : Donc tu penses qu'il y a une différence entre un hacker qui vole des données pour de l'argent et un autre qui le fait pour dénoncer un scandale ?

Claire: So do you think there's a difference between a hacker who steals data for money and one who does it to expose a scandal?

Marc : C'est là que ça devient compliqué. Certains voient les hacktivistes comme des héros, d'autres comme des criminels. Par exemple, Edward Snowden a révélé des informations sur la surveillance de masse, et pour certains, c'était un acte de courage. Pour d'autres, il a trahi son pays.

Marc: That's where it gets complicated. Some see hacktivists as heroes, others as criminals. For example, Edward Snowden revealed information about mass surveillance, and for some, it was an act of courage. For others, he betrayed his country.

Claire : Et toi, tu penses quoi ?

Claire: And you, what do you think?

Marc : Je pense que tout dépend de l'intention et des conséquences. Mais ce qui est sûr, c'est que la cybersécurité est devenue un enjeu majeur de notre époque. On doit apprendre à mieux se protéger, mais aussi à repenser les limites de ce qui est acceptable dans le cyberespace.

Marc: I think it all depends on the intent and the consequences. But one thing is for sure: cybersecurity has become a major issue in our time. We need to learn to protect ourselves better, but also rethink the boundaries of what is acceptable in cyberspace.

Claire : Oui, et il faut surtout éduquer les gens. Beaucoup ne se rendent même pas compte des dangers qu'ils courent en ligne.

Claire: Yes, and above all, people need to be educated. Many don't even realise the dangers they face online.

Marc : Absolument. La sensibilisation est la clé. Mais en attendant, on doit tous être plus vigilants. Le monde numérique évolue trop vite pour qu'on reste passifs.

Marc: Absolutely. Awareness is key. But in the meantime, we all need to be more vigilant. The digital world is evolving too fast for us to remain passive.

Changement climatique

Sophie : J'ai l'impression qu'on parle de plus en plus du changement climatique, mais les gens ne semblent pas vraiment changer leur comportement. Qu'est-ce que tu en penses, Paul ?

Sophie: I feel like there's more and more talk about climate change, but people don't really seem to be changing their behaviour. What do you think, Paul?

Paul : C'est parce que beaucoup pensent que le problème est exagéré. Les médias en font tout un drame, mais si on regarde les cycles naturels de la Terre, le climat a toujours changé.

Paul: That's because many people think the problem is exaggerated. The media makes a big drama out of it, but if you look at the Earth's natural cycles, the climate has always changed.

Sophie : Peut-être, mais les scientifiques sont unanimes : l'activité humaine accélère le réchauffement. Les émissions de CO2, la déforestation, tout ça a un impact réel. Tu ne peux pas nier les preuves.

Sophie: Maybe, but scientists are unanimous: human activity is accelerating global warming. CO2 emissions, deforestation, all of that has a real impact. You can't deny the evidence.

Paul : Je ne nie pas les preuves, mais je pense qu'on surestime notre rôle. La Terre a survécu à des changements climatiques bien plus graves. Ce n'est pas quelques degrés de plus qui vont tout détruire.

Paul: I'm not denying the evidence, but I think we're overestimating our role. The Earth has survived much worse climate changes. A few degrees more won't destroy everything.

Sophie : Ce ne sont pas seulement les températures qui augmentent, c'est tout l'écosystème qui est affecté ! Les catastrophes naturelles sont de plus en plus fréquentes, les espèces disparaissent, et les gens dans les régions côtières vont perdre leurs maisons à cause de la montée des eaux.

Sophie: It's not just the temperatures rising, it's the whole ecosystem being affected! Natural disasters are becoming more frequent, species are disappearing, and people in coastal regions are going to lose their homes because of rising sea levels.

Paul : Les catastrophes naturelles ont toujours existé. Et puis, les espèces évoluent et disparaissent, c'est le cycle de la vie. Quant à la montée des eaux, c'est un phénomène qui prend des siècles. Les gens auront largement le temps de s'adapter.

Paul: Natural disasters have always existed. And species evolve and disappear—it's the cycle of life. As for rising sea levels, that's a phenomenon that takes centuries. People will have plenty of time to adapt.

Sophie : C'est facile à dire quand tu vis dans un pays développé. Les pays du Sud, eux, subissent déjà les conséquences. Les sécheresses, les inondations, ça affecte les récoltes, et les populations locales n'ont pas les moyens de s'adapter aussi facilement.

Sophie: It's easy to say when you live in a developed country. Southern countries are already suffering the consequences. Droughts, floods, they affect crops, and local populations can't adapt as easily.

Paul : Je suis d'accord que ces pays sont plus vulnérables, mais la solution n'est pas de crier au désastre. On devrait plutôt se concentrer sur l'innovation, la technologie. Pourquoi pas investir dans la géo-ingénierie ? Modifier le climat directement pourrait être une solution plus efficace que de changer radicalement nos modes de vie.

Paul: I agree that these countries are more vulnerable, but the solution isn't to cry disaster. We should focus on innovation, on technology. Why not invest in geoengineering? Modifying the climate directly could be a more effective solution than radically changing our lifestyles.

Sophie : La géo-ingénierie, vraiment ? Tu penses sérieusement qu'on devrait jouer avec la planète comme ça ? Et si ça tourne mal ? On ne connaît même pas tous les effets secondaires possibles !

Sophie: Geoengineering, really? Do you seriously think we should play with the planet like that? What if it goes wrong? We don't even know all the possible side effects!

Paul : Chaque technologie comporte des risques, mais on ne peut pas se contenter de dire "non" sans essayer. Et puis, tu veux quoi ? Qu'on arrête de voyager, qu'on abandonne nos voitures, qu'on retourne à l'âge de pierre ? Ce n'est pas réaliste.

Paul: Every technology comes with risks, but we can't just say "no" without trying. And what do you want? For us to stop travelling, give up our cars, go back to the Stone Age? It's not realistic.

Sophie : Il ne s'agit pas de revenir en arrière, mais de trouver un équilibre. On peut réduire notre consommation sans tout sacrifier. Pourquoi est-ce qu'on devrait attendre que la technologie nous sauve quand on peut déjà faire des petits changements individuels ?

Sophie: It's not about going backwards, but finding a balance. We can reduce our consumption without sacrificing everything. Why should we wait for technology to save us when we can already make small individual changes?

Paul : Les petits changements ne suffisent pas. Le problème est global, et seul un effort technologique à grande échelle peut vraiment faire la différence.

Paul: Small changes aren't enough. The problem is global, and only large-scale technological efforts can really make a difference.

Sophie : Mais si personne ne fait d'effort, même à petite échelle, ça ne marchera jamais. Les gouvernements, les industries, et nous, les individus, devons tous agir. C'est un travail collectif.

Sophie: But if no one makes an effort, even on a small scale, it'll never work. Governments, industries, and we, as individuals, all need to act. It's a collective effort.

Paul : C'est beau en théorie, mais la réalité, c'est que la plupart des gens ne veulent pas changer leur confort. Tant qu'il n'y aura pas de solution plus simple et plus rentable, rien ne bougera vraiment.

Paul: It sounds nice in theory, but the reality is that most people don't want to change their comfort. Until there's a simpler and more profitable solution, nothing will really change.

Sophie : Et si on attend trop, il sera peut-être déjà trop tard...

Sophie: And if we wait too long, it might already be too late...

Pollution par les plastiques

Marie : C'est incroyable de voir à quel point les océans sont pollués par le plastique. Chaque année, des millions de tonnes de plastique finissent dans l'eau. Il faut vraiment faire quelque chose, non ?

Marie: It's incredible to see how polluted the oceans are with plastic. Every year, millions of tonnes of plastic end up in the water. We really need to do something, don't we?

Lucas : C'est vrai que la situation est préoccupante, mais je pense que cette obsession contre le plastique est un peu exagérée. Il y a d'autres problèmes plus graves, comme le changement climatique ou la déforestation.

Lucas: It's true that the situation is worrying, but I think this obsession with plastic is a bit exaggerated. There are more serious problems, like climate change or deforestation.

Marie : Mais justement, le plastique contribue aussi au changement climatique. Sa production est très polluante, et ça prend des siècles à se décomposer. Sans compter l'impact direct sur la faune marine, les poissons, les oiseaux, tous ces animaux qui ingèrent du plastique.

Marie: But plastic also contributes to climate change. Its production is very polluting, and it takes centuries to decompose. Not to mention the direct impact on marine wildlife—fish, birds, all those animals that ingest plastic.

Lucas : Je ne dis pas que c'est bien, mais le plastique a aussi ses avantages. Il est léger, peu coûteux et indispensable dans beaucoup de secteurs comme la médecine. Remplacer le plastique par d'autres matériaux ne serait pas toujours viable ou écologique. Imagine remplacer chaque emballage plastique par du verre ou du métal, ça alourdirait les transports et consommerait encore plus d'énergie.

Lucas: I'm not saying it's good, but plastic also has its advantages. It's lightweight, inexpensive, and indispensable in many sectors like medicine. Replacing plastic with other materials wouldn't always be viable or eco-friendly. Imagine replacing every plastic packaging with glass or metal—it would make transport heavier and consume even more energy.

Marie : D'accord, mais il y a des alternatives biodégradables qu'on pourrait utiliser pour beaucoup de choses du quotidien, comme les sacs ou les emballages. On ne peut pas continuer comme ça, à produire des tonnes de plastique à usage unique.

Marie: Okay, but there are biodegradable alternatives we could use for many everyday things, like bags or packaging. We can't keep producing tonnes of single-use plastic like this.

Lucas : Les alternatives sont souvent plus chères, et tout le monde ne peut pas se permettre de payer plus pour des produits "écolos". On parle souvent d'initiatives dans les pays riches, mais dans les pays en développement, le plastique est parfois la seule solution abordable pour l'emballage, la conservation des aliments, etc.

Lucas: Alternatives are often more expensive, and not everyone can afford to pay more for "eco-friendly" products. We often talk about initiatives in rich countries, but in developing countries, plastic is sometimes the only affordable solution for packaging, preserving food, etc.

Marie : Justement, c'est un problème global. On devrait investir dans des solutions pour rendre ces alternatives plus accessibles, au lieu de continuer à subventionner des industries polluantes. Et puis, il y a aussi l'idée de réduire notre consommation, pas seulement de remplacer le plastique par autre chose.

Marie: Exactly, it's a global problem. We should invest in solutions to make these alternatives more accessible, instead of continuing to subsidise polluting industries. And there's also the idea of reducing our consumption, not just replacing plastic with something else.

Lucas : Oui, mais je trouve que réduire la consommation, c'est utopique. Les gens ne vont pas soudainement arrêter d'acheter des produits emballés parce que c'est mieux pour la planète. On a créé une économie de consommation, et c'est difficile de revenir en arrière.

Lucas: Yes, but I think reducing consumption is utopian. People won't suddenly stop buying packaged products just because it's better for the planet. We've created a consumer economy, and it's hard to go backwards.

Marie : C'est vrai, mais si on n'essaie pas, on continuera d'accumuler des déchets. Des îles entières de plastique flottent déjà dans l'océan. Et au final, ça nous revient à nous. Le plastique qu'on jette finit dans notre alimentation sous forme de microplastiques. On en trouve même dans l'eau potable maintenant !

Marie: That's true, but if we don't try, we'll keep accumulating waste. Entire islands of plastic are already floating in the ocean. And in the end, it comes back to us. The plastic we throw away ends up in our food in the form of microplastics. We even find it in drinking water now!

Lucas : C'est alarmant, je te l'accorde. Mais je pense que la solution doit venir des gouvernements et des grandes entreprises, pas seulement des consommateurs. Tant qu'ils continueront à produire autant de plastique, peu importe ce que nous, on fait à petite échelle.

Lucas: It's alarming, I agree. But I think the solution must come from governments and big companies, not just consumers. As long as they continue to produce so much plastic, it doesn't matter what we do on a small scale.

Marie : Les entreprises ne changeront pas d'elles-mêmes. Si on ne met pas de pression en tant que consommateurs, elles continueront à privilégier les profits. Regarde, il y a déjà des pays qui interdisent les sacs en plastique, et ça fonctionne. Ça prouve que des politiques publiques ambitieuses peuvent marcher.

Marie: Companies won't change on their own. If we don't put pressure on them as consumers, they'll continue to prioritise profits. Look, there are already countries that have banned plastic bags, and it works. It proves that ambitious public policies can work.

Lucas : Mais il faut aussi prendre en compte que les interdictions peuvent avoir des effets secondaires. Par exemple, les gens se tournent vers des solutions "réutilisables", mais certaines ont un impact environnemental encore plus grand, surtout si elles ne sont pas utilisées suffisamment longtemps pour compenser leur coût écologique.

Lucas: But we also have to consider that bans can have side effects. For example, people turn to "reusable" solutions, but some have an even bigger environmental impact, especially if they aren't used long enough to offset their ecological cost.

Marie : C'est vrai que rien n'est parfait, mais au moins, c'est un pas dans la bonne direction. Ce qu'il nous faut, c'est un changement de mentalité. Si chacun fait sa part, on peut faire une différence. Tu ne crois pas qu'on a une responsabilité collective ?

Marie: It's true that nothing is perfect, but at least it's a step in the right direction. What we need is a change of mindset. If everyone does their part, we can make a difference. Don't you think we have a collective responsibility?

Lucas : Peut-être, mais je pense qu'on devrait se concentrer sur des solutions technologiques pour recycler mieux et trouver de nouveaux matériaux. Le plastique n'est pas le problème en soi, c'est notre manière de l'utiliser et de le gérer qui l'est.

Lucas: Maybe, but I think we should focus on technological solutions to recycle better and find new materials. Plastic isn't the problem in itself; it's how we use and manage it that is.

Marie : D'accord, mais on doit aussi limiter la production. Parce que recycler ne suffit pas, une grande partie du plastique ne peut même pas être recyclée. Alors, pourquoi continuer à en produire autant si on sait que ça finira dans la nature ?

Marie: Okay, but we also need to limit production. Recycling isn't enough because a lot of plastic can't even be recycled. So, why keep producing so much when we know it will end up in nature?

Lucas : C'est un point valide. Je suppose que le vrai défi, c'est de trouver un équilibre entre l'utilisation responsable et la réduction des déchets. Mais quoi qu'il en soit, on ne pourra pas tout résoudre en interdisant simplement le plastique.

Lucas: That's a valid point. I suppose the real challenge is finding a balance between responsible use and reducing waste. But either way, we can't solve everything just by banning plastic.

Exploitation des travailleurs

Anna : Je ne comprends pas comment, en 2024, on peut encore parler d'exploitation des travailleurs. Les lois sur le travail existent, les syndicats sont là pour protéger les droits, alors pourquoi ce problème persiste-t-il encore ?

Anna: I don't understand how, in 2024, we can still be talking about worker exploitation. Labour laws exist, and unions are there to protect rights, so why does this problem persist?

Felix : Parce que les lois ne sont pas appliquées de la même manière partout, et les entreprises trouvent toujours des moyens de contourner les règles. Regarde les grandes multinationales qui externalisent la production dans des pays où la main-d'œuvre est bon marché. C'est clairement de l'exploitation.

Felix: Because laws aren't enforced the same way everywhere, and companies always find ways to get around the rules. Look at big multinationals outsourcing production to countries where labour is cheap. That's clearly exploitation.

Anna : Oui, mais certaines de ces entreprises fournissent quand même des emplois là où il n'y en aurait pas. Est-ce que ce n'est pas un moindre mal ? On ne peut pas comparer les conditions de travail dans les pays riches à celles dans des pays en développement.

Anna: Yes, but some of these companies still provide jobs where there wouldn't be any. Isn't that the lesser evil? You can't compare working conditions in rich countries to those in developing countries.

Felix : Mais ce n'est pas une excuse pour payer quelqu'un une misère et le faire travailler dans des conditions inhumaines. On parle souvent des ateliers clandestins, des heures de travail excessives, et des employés qui n'ont même pas de quoi subvenir à leurs besoins essentiels. Les grandes entreprises en profitent sans scrupule.

Felix: But that's no excuse to pay someone a pittance and make them work in inhumane conditions. We often hear about sweatshops, excessive working hours, and workers who can't even meet their basic needs. Big companies take advantage of this without scruples.

Anna : D'accord, mais si elles ne délocalisaient pas la production, les prix augmenteraient considérablement. Est-ce que tu crois que les consommateurs seraient prêts à payer plus pour leurs vêtements ou leurs produits électroniques ? On est tous complices à un certain niveau, non ?

Anna: Okay, but if they didn't outsource production, prices would go up considerably. Do you think consumers would be willing to pay more for their clothes or electronics? We're all complicit at some level, aren't we?

Felix : C'est vrai, mais est-ce que notre confort doit se faire au prix de la dignité humaine ? Les entreprises ont la responsabilité de garantir des conditions de travail décentes, même à l'étranger. Ce n'est pas parce qu'on vit dans un pays riche qu'on doit ignorer ce qui se passe ailleurs.

Felix: That's true, but should our comfort come at the cost of human dignity? Companies have a responsibility to ensure decent working conditions, even abroad. Just because we live in a rich country doesn't mean we should ignore what's happening elsewhere.

Anna : Je suis d'accord sur le principe, mais dans un marché globalisé, les entreprises sont en concurrence. Si une entreprise décide de payer ses travailleurs correctement, elle sera rapidement évincée par une autre qui ne le fait pas. C'est une question de survie économique.

Anna: I agree in principle, but in a globalised market, companies are in competition. If one company decides to pay its workers properly, it will quickly be pushed out by another that doesn't. It's a matter of economic survival.

Felix : C'est justement là où les gouvernements doivent intervenir. Il faudrait imposer des normes internationales, un salaire minimum global, et des conditions de travail respectueuses partout dans le monde. Sinon, c'est une course vers le bas.

Felix: That's exactly where governments need to step in. We should impose international standards, a global minimum wage, and respectful working conditions worldwide. Otherwise, it's a race to the bottom.

Anna : Oui, mais tu sais bien que c'est utopique. Chaque pays a ses propres priorités économiques, et les multinationales sont trop puissantes. Elles influencent même les politiques des gouvernements. Tu ne crois pas que c'est naïf de penser qu'on peut tout régler avec des lois ?

Anna: Yes, but you know that's utopian. Every country has its own economic priorities, and multinationals are too powerful. They even influence government policies. Don't you think it's naïve to think we can solve everything with laws?

Felix : Peut-être que c'est compliqué, mais ce n'est pas une raison pour ne rien faire. Il y a des initiatives qui fonctionnent, comme le commerce équitable ou les labels éthiques, qui permettent aux consommateurs de faire des choix plus responsables.

Felix: Maybe it's complicated, but that's no reason to do nothing. There are initiatives that work, like fair trade or ethical labels, which allow consumers to make more responsible choices.

Anna : Mais tout le monde ne peut pas se permettre d'acheter des produits équitables. C'est souvent plus cher, et dans les pays riches, tout le monde ne roule pas sur l'or non plus. On ne peut pas demander aux gens de sacrifier leur pouvoir d'achat pour régler un problème global.

Anna: But not everyone can afford to buy fair trade products. They're often more expensive, and in rich countries, not everyone is wealthy either. We can't ask people to sacrifice their purchasing power to solve a global problem.

Felix : C'est vrai que ce n'est pas simple, mais je pense qu'il faut changer notre façon de voir les choses. On doit arrêter de considérer les travailleurs comme des chiffres dans un tableau de profits. Si tout le monde faisait un petit effort, on pourrait améliorer la situation petit à petit.

Felix: It's true that it's not simple, but I think we need to change the way we see things. We need to stop seeing workers as numbers in a profit spreadsheet. If everyone made a small effort, we could gradually improve the situation.

Anna : Et si c'était aux consommateurs de faire la différence, en exigeant des produits plus éthiques ? Peut-être que les entreprises finiraient par s'adapter si la demande pour des produits équitables augmentait.

Anna: What if it's up to consumers to make a difference by demanding more ethical products? Maybe companies would eventually adapt if demand for fair trade products increased.

Felix : Oui, mais ça prend du temps. Et pendant ce temps, des millions de personnes continuent d'être exploitées. Je pense qu'on a besoin d'une pression plus forte, des mouvements sociaux, des boycotts, et des syndicats plus puissants qui peuvent vraiment défendre les droits des travailleurs.

Felix: Yes, but it takes time. And in the meantime, millions of people continue to be exploited. I think we need stronger pressure—social movements, boycotts, and more powerful unions that can really defend workers' rights.

Anna : Tu penses vraiment que ça marcherait ? Dans un monde où les profits sont rois, les entreprises trouveront toujours un moyen de s'en sortir, même face à la pression publique. On l'a vu avec tant de scandales, et pourtant, rien ne change vraiment.

Anna: Do you really think that would work? In a world where profits are king, companies will always find a way out, even in the face of public pressure. We've seen so many scandals, and yet nothing really changes.

Felix : Peut-être, mais ça ne veut pas dire qu'on doit abandonner. La lutte pour les droits des travailleurs ne s'arrête jamais. On a fait des progrès dans le passé, et on peut continuer à en faire si on reste mobilisés.

Felix: Maybe, but that doesn't mean we should give up. The fight for workers' rights never stops. We've made progress in the past, and we can keep making progress if we stay mobilised.

Traite des êtres humains

Elena : J'ai lu un article récemment qui disait que la traite des êtres humains est plus répandue qu'on ne le pense. C'est incroyable qu'à notre époque, il y ait encore des millions de personnes réduites en esclavage.

Elena: I recently read an article that said human trafficking is more widespread than we think. It's incredible that, in this day and age, there are still millions of people enslaved.

Jonas : Oui, c'est choquant. Mais ce n'est pas seulement dans les pays en développement. La traite des êtres humains, c'est aussi un problème en Europe, avec des réseaux qui exploitent des migrants ou même des enfants.

Jonas: Yes, it's shocking. But it's not just in developing countries. Human trafficking is also a problem in Europe, with networks exploiting migrants or even children.

Elena : C'est vraiment révoltant. Et souvent, ce sont des victimes qui n'ont aucun moyen de s'en sortir. Elles sont piégées par des dettes ou des menaces de violence. Mais je me demande pourquoi il n'y a pas plus d'actions pour éradiquer ce fléau.

Elena: It's really appalling. And often, the victims have no way out. They're trapped by debt or threats of violence. But I wonder why there isn't more action to eradicate this scourge.

Jonas : Parce que c'est extrêmement difficile à combattre. Les réseaux de traite sont bien organisés, souvent internationaux, et opèrent dans l'ombre. Ils exploitent des failles dans les systèmes judiciaires, et il y a même de la corruption à haut niveau qui les protège.

Jonas: Because it's extremely difficult to combat. Trafficking networks are well-organised, often international, and operate in the shadows. They exploit loopholes in legal systems, and there's even high-level corruption protecting them.

Elena : C'est vrai. Et puis, les victimes ont peur de parler. Certaines ne savent même pas qu'elles ont des droits. Elles sont dans un autre pays, ne parlent pas la langue, et sont souvent sans papiers.

Elena: That's true. And then, the victims are afraid to speak up. Some don't even know they have rights. They're in another country, don't speak the language, and often don't have any papers.

Jonas : Oui, et les trafiquants en profitent. Ils prennent leurs passeports, les forcent à travailler dans des conditions horribles, et parfois même dans l'industrie du sexe. Les victimes deviennent invisibles.

Jonas: Yes, and the traffickers take advantage of that. They take their passports, force them to work in horrible conditions, and sometimes even in the sex industry. The victims become invisible.

Elena : Je trouve ça tellement inhumain. Mais pourquoi est-ce que c'est encore possible, alors qu'on a tant de lois contre l'esclavage moderne ? Les organisations internationales, les ONG... où sont-elles dans tout ça ?

Elena: I find that so inhumane. But why is it still possible when we have so many laws against modern slavery? Where are the international organisations, the NGOs in all of this?

Jonas : Elles font ce qu'elles peuvent, mais elles manquent souvent de moyens. Et puis, les trafiquants savent comment contourner les lois. Ils changent constamment de méthodes, utilisent des voies clandestines, et ils comptent sur le fait que beaucoup de gens préfèrent fermer les yeux.

Jonas: They do what they can, but they often lack resources. And traffickers know how to get around the laws. They constantly change their methods, use secret routes, and rely on the fact that many people prefer to turn a blind eye.

Elena : Tu penses que les gens ferment vraiment les yeux ? Ou est-ce qu'ils ne se rendent tout simplement pas compte de l'ampleur du problème ? Moi-même, je ne savais pas que c'était si répandu avant de lire cet article.

Elena: Do you think people really turn a blind eye? Or do they just not realise the scale of the problem? I didn't even know it was so widespread before reading that article.

Jonas : C'est un peu des deux. Certains ne veulent pas savoir parce que ça remettrait en question certains conforts. Par exemple, la traite des travailleurs dans les champs de coton ou dans les usines textiles... beaucoup de nos vêtements viennent de là. Si les consommateurs savaient vraiment dans quelles conditions certains produits sont fabriqués, ils pourraient hésiter à acheter.

Jonas: It's a bit of both. Some don't want to know because it would challenge their comforts. For example, trafficking of workers in cotton fields or textile factories... a lot of our clothes come from there. If consumers really knew the conditions some products are made in, they might hesitate to buy them.

Elena : Tu veux dire qu'on participe indirectement à la traite des êtres humains en achetant ces produits ?

Elena: You mean we're indirectly participating in human trafficking by buying these products?

Jonas : D'une certaine manière, oui. Mais c'est aussi le système globalisé qui est en cause. Les entreprises cherchent toujours à réduire les coûts, et certaines ne regardent pas d'où vient la main-d'œuvre. C'est un problème systémique, pas juste une question de consommateurs.

Jonas: In a way, yes. But it's also the globalised system at fault. Companies are always looking to cut costs, and some don't care where their labour comes from. It's a systemic problem, not just a consumer issue.

Elena : Alors tu penses que les gouvernements devraient faire plus de contrôles sur les entreprises et leur chaîne d'approvisionnement ?

Elena: So, do you think governments should do more to monitor companies and their supply chains?

Jonas : Absolument. Ils devraient imposer des normes strictes et sanctionner les entreprises qui ferment les yeux sur la traite. Mais encore une fois, c'est compliqué. Certaines entreprises dépendent tellement de la main-d'œuvre bon marché que si on leur impose trop de restrictions, elles délocalisent ailleurs.

Jonas: Absolutely. They should impose strict standards and penalise companies that turn a blind eye to trafficking. But again, it's complicated. Some companies depend so much on cheap labour that if you impose too many restrictions, they relocate elsewhere.

Elena : Oui, mais à un moment, il faut choisir entre les profits et l'éthique. On ne peut pas continuer à ignorer la souffrance humaine sous prétexte de maximiser les bénéfices. Et les consommateurs devraient aussi avoir un rôle, en demandant plus de transparence.

Elena: Yes, but at some point, we have to choose between profits and ethics. We can't keep ignoring human suffering just to maximise profits. And consumers should also play a role by demanding more transparency.

Jonas : C'est sûr, mais combien de gens seraient vraiment prêts à payer plus cher pour des produits éthiques ? Tout le monde veut des vêtements à bas prix, des produits électroniques bon marché, mais rarement on se demande comment ces choses sont fabriquées.

Jonas: That's true, but how many people would really be willing to pay more for ethical products? Everyone wants cheap clothes, cheap electronics, but rarely do we ask how these things are made.

Elena : C'est un cercle vicieux. Tant que la demande pour des produits bon marché existe, la traite des êtres humains continuera d'exister. Mais on ne peut pas baisser les bras. Il faut plus d'éducation, plus de campagnes de sensibilisation pour que les gens comprennent l'ampleur du problème.

Elena: It's a vicious circle. As long as there's demand for cheap products, human trafficking will continue. But we can't give up. We need more education, more awareness campaigns so people understand the scale of the problem.

Jonas : Je suis d'accord. C'est une question de responsabilisation, aussi bien pour les gouvernements, les entreprises, que les citoyens. Mais le combat sera long, car c'est un problème profondément enraciné dans notre économie mondiale.

Jonas: I agree. It's a question of accountability, for governments, companies, and citizens alike. But the fight will be long, because it's a problem deeply rooted in our global economy.

Elena : Oui, mais on ne peut pas se permettre de l'ignorer. Tant qu'il y aura des personnes réduites en esclavage, il y aura un problème fondamental dans la manière dont notre société fonctionne.

Elena: Yes, but we can't afford to ignore it. As long as there are people enslaved, there will be a fundamental problem with how our society functions.

Terrorisme

Laura : Chaque fois que j'entends parler d'une attaque terroriste, je me demande comment on en est arrivé là. Comment des gens peuvent-ils être aussi radicalisés au point de tuer des innocents ?

Laura: Every time I hear about a terrorist attack, I wonder how we got here. How can people become so radicalised that they kill innocent people?

David : C'est une question complexe. Beaucoup de facteurs entrent en jeu : l'idéologie, les inégalités sociales, le ressentiment, parfois même la religion. Mais il ne faut pas oublier que ce sont souvent des personnes manipulées par des groupes extrémistes qui savent exactement comment exploiter leur vulnérabilité.

David: It's a complex question. Many factors come into play: ideology, social inequality, resentment, sometimes even religion. But we mustn't forget that these are often people manipulated by extremist groups that know exactly how to exploit their vulnerabilities.

Laura : D'accord, mais ça ne justifie rien. Rien ne peut justifier de tuer des gens. Ces terroristes prétendent souvent agir pour une cause, mais tout ce qu'ils font, c'est répandre la peur et la haine.

Laura: I agree, but that justifies nothing. Nothing can justify killing people. These terrorists often claim to act for a cause, but all they do is spread fear and hatred.

David : Bien sûr que ça ne justifie rien, mais pour eux, c'est une forme de guerre. Ils se sentent exclus, marginalisés, et pensent que la violence est le seul moyen de se faire entendre. Les sociétés doivent se demander pourquoi certaines personnes se tournent vers des idéologies si destructrices.

David: Of course, it doesn't justify anything, but for them, it's a form of war. They feel excluded, marginalised, and think violence is the only way to be heard. Societies must ask themselves why some people turn to such destructive ideologies.

Laura : C'est peut-être vrai, mais il y a tellement de gens qui vivent dans des conditions difficiles et qui ne deviennent pas des terroristes pour autant. C'est un choix, et ils choisissent la haine.

Laura: That may be true, but so many people live in difficult conditions and don't become terrorists. It's a choice, and they choose hatred.

David : C'est facile à dire quand on vit dans une société stable. Imagine quelqu'un qui a grandi dans un environnement de violence, sans éducation, sans espoir d'un avenir meilleur. Ces groupes extrémistes leur offrent un sens, un but, même si c'est un but mortel. On ne peut pas simplement ignorer le contexte dans lequel ils se radicalisent.

David: It's easy to say when you live in a stable society. Imagine someone growing up in an environment of violence, without education, without hope for a better future. These extremist groups offer them meaning, a purpose, even if it's a deadly one. We can't simply ignore the context in which they become radicalised.

Laura : Mais en même temps, il y a aussi des terroristes qui viennent de milieux aisés, des gens éduqués qui n'ont pas eu de problèmes socio-économiques. Qu'est-ce qui explique leur radicalisation alors ?

Laura: But at the same time, there are also terrorists from wealthy backgrounds, educated people who haven't faced socio-economic problems. What explains their radicalisation then?

David : C'est vrai. Certains se radicalisent pour des raisons idéologiques, parfois même par idéalisme. Ils croient vraiment qu'ils luttent pour une cause juste. C'est peut-être ça le plus dangereux : quand des gens intelligents et éduqués justifient la violence au nom d'un idéal.

David: That's true. Some become radicalised for ideological reasons, sometimes even out of idealism. They truly believe they're fighting for a just cause. That might be the most dangerous thing: when intelligent and educated people justify violence in the name of an ideal.

Laura: And that's where religion often comes in. Many of these attacks are carried out in the name of religion, whether it's radical Islamism or other forms of religious fanaticism. We can't ignore that aspect.

David : C'est vrai que la religion est souvent utilisée comme justification, mais ce n'est pas la cause profonde. Les terroristes manipulent les textes sacrés pour légitimer leurs actions, mais la plupart des religions prêchent la paix. C'est plus une question d'interprétation que de foi elle-même.

David: It's true that religion is often used as justification, but it's not the root cause. Terrorists manipulate sacred texts to legitimise their actions, but most religions preach peace. It's more a matter of interpretation than faith itself.

Laura : Mais n'est-ce pas la responsabilité des leaders religieux de dénoncer ces interprétations extrémistes ? On ne les entend pas assez, et ça laisse le champ libre aux radicaux.

Laura: But isn't it the responsibility of religious leaders to denounce these extremist interpretations? We don't hear them enough, and it leaves the field open for radicals.

David : C'est vrai que certains leaders religieux devraient être plus clairs dans leur condamnation, mais il y en a aussi beaucoup qui le font. Le problème, c'est que les voix extrêmes sont toujours plus bruyantes. Ce sont elles qui captent l'attention des médias, et ça renforce l'idée que la religion et la violence sont liées.

David: It's true that some religious leaders should be clearer in their condemnation, but many do speak out. The problem is that extreme voices are always louder. They're the ones that capture media attention, reinforcing the idea that religion and violence are linked.

Laura : Mais alors, que peut-on faire pour arrêter tout ça ? Les interventions militaires semblent empirer la situation, et les mesures de sécurité ne peuvent pas tout prévenir.

Laura: So what can be done to stop all this? Military interventions seem to make the situation worse, and security measures can't prevent everything.

David : Il n'y a pas de solution simple. On doit combattre la radicalisation à la racine, en offrant des alternatives aux jeunes qui se sentent exclus ou perdus. L'éducation, le dialogue, la lutte contre les inégalités, tout ça est crucial. Mais il faut aussi être prêt à utiliser la force quand c'est nécessaire, car on ne peut pas négocier avec des gens qui sont prêts à mourir pour tuer.

David: There's no simple solution. We have to fight radicalisation at its roots by offering alternatives to young people who feel excluded or lost. Education, dialogue, and fighting inequality are all crucial. But we also need to be ready to use force when necessary, because you can't negotiate with people willing to die to kill.

Laura : Mais chaque fois qu'on intervient militairement, ça crée encore plus de ressentiment. Regarde ce qui s'est passé au Moyen-Orient : chaque intervention semble engendrer plus de chaos et plus de terroristes.

Laura: But every time we intervene militarily, it creates more resentment. Look at what's happened in the Middle East: each intervention seems to generate more chaos and more terrorists.

David : C'est vrai, et c'est un cercle vicieux. Mais l'inaction a aussi un prix. Si on laisse ces groupes extrémistes gagner du terrain, ils deviendront encore plus puissants. La question est de savoir comment trouver un équilibre entre la force et la diplomatie.

David: That's true, and it's a vicious circle. But inaction has a price too. If we let these extremist groups gain ground, they'll become even more powerful. The question is how to find a balance between force and diplomacy.

Laura : Un équilibre... mais à quel prix ? Parce que pendant qu'on cherche cet équilibre, ce sont des innocents qui continuent de mourir, que ce soit dans les attentats ou dans les guerres contre le terrorisme.

Laura: A balance... but at what cost? Because while we search for that balance, innocent people keep dying, whether in attacks or in the wars against terrorism.

David : Malheureusement, c'est la dure réalité. La lutte contre le terrorisme est un combat de longue haleine, et il n'y a pas de solution miracle. Tout ce qu'on peut faire, c'est essayer de comprendre les causes profondes et d'empêcher autant que possible que d'autres ne se radicalisent. Mais c'est un défi qui concerne tout le monde.

David: Unfortunately, that's the harsh reality. The fight against terrorism is a long battle, and there's no miracle solution. All we can do is try to understand the root causes and prevent as many people as possible from becoming radicalised. But it's a challenge that concerns everyone.

Surveillance

Marta : C'est incroyable à quel point on est surveillés aujourd'hui. Entre les caméras dans les rues, la collecte de données sur internet, et les téléphones qui enregistrent tout, il n'y a plus aucune vie privée.

Marta: It's incredible how much we are being watched today. Between cameras on the streets, data collection on the internet, and phones recording everything, there's no privacy left.

Sebastian : C'est vrai, mais on ne peut pas nier que la surveillance a aussi ses avantages. Elle aide à prévenir les crimes, et dans certaines situations, elle sauve même des vies. Sans parler de la sécurité nationale ; les gouvernements doivent bien se protéger des menaces terroristes.

Sebastian: That's true, but we can't deny that surveillance has its advantages. It helps prevent crimes, and in some situations, it even saves lives. Not to mention national security; governments need to protect themselves from terrorist threats.

Marta : Oui, mais à quel prix ? Est-ce que tu es prêt à sacrifier toute ta vie privée pour un peu plus de sécurité ? On a l'impression de vivre dans un état de surveillance permanente, comme dans un film de science-fiction dystopique.

Marta: Yes, but at what cost? Are you willing to sacrifice all your privacy for a bit more security? It feels like we're living in a state of constant surveillance, like in a dystopian science fiction film.

Sebastian : Je pense que c'est une question de compromis. La sécurité est importante, surtout dans un monde où les menaces sont de plus en plus complexes, avec le terrorisme, les cyberattaques... On doit bien surveiller pour anticiper ces dangers. Sans surveillance, on serait beaucoup plus vulnérables.

Sebastian: I think it's a matter of compromise. Security is important, especially in a world where threats are becoming more complex, with terrorism and cyberattacks… We have to monitor to anticipate these dangers. Without surveillance, we'd be much more vulnerable.

Marta : Je ne suis pas d'accord. Ce qu'on voit, c'est plutôt une accumulation de pouvoir par les gouvernements et les entreprises. Ils savent tout de nous, mais nous, on ne sait rien de ce qu'ils font avec ces informations. Qui te dit qu'on ne va pas utiliser ces données contre nous à l'avenir ?

Marta: I don't agree. What we're seeing is more of an accumulation of power by governments and corporations. They know everything about us, but we know nothing about what they're doing with that information. Who's to say they won't use it against us in the future?

Sebastian : C'est vrai qu'il y a un manque de transparence, et c'est un problème. Mais la plupart des gens ne font rien de mal, alors pourquoi s'inquiéter ? Si tu n'as rien à cacher, pourquoi avoir peur d'être surveillé ?

Sebastian: It's true that there's a lack of transparency, and that's a problem. But most people aren't doing anything wrong, so why worry? If you have nothing to hide, why be afraid of being watched?

Marta : Ce n'est pas une question de cacher quelque chose, c'est une question de principes. On a tous droit à une vie privée, peu importe si on est innocent ou non. Aujourd'hui, ce n'est pas seulement le gouvernement qui surveille, ce sont aussi les grandes entreprises comme Google, Facebook... Ils utilisent nos données pour nous manipuler, pour vendre plus, pour influencer même nos opinions politiques.

Marta: It's not about hiding something, it's about principles. We all have a right to privacy, whether we're innocent or not. Today, it's not just the government watching, it's also big companies like Google and Facebook… They use our data to manipulate us, to sell more, even to influence our political opinions.

Sebastian : Oui, mais ces services sont gratuits, et quelque part, on échange nos données contre ces avantages. Personne ne te force à utiliser ces plateformes. On peut toujours choisir de se déconnecter.

Sebastian: Yes, but these services are free, and in a way, we trade our data for these benefits. No one's forcing you to use these platforms. We can always choose to disconnect.

Marta : Vraiment ? Penses-tu que c'est encore possible de vivre sans internet, sans smartphone ? On est devenus tellement dépendants de ces technologies que s'en passer est quasiment impossible, surtout au travail ou dans les relations sociales. Ce n'est pas vraiment un choix.

Marta: Really? Do you think it's still possible to live without the internet, without a smartphone? We've become so dependent on these technologies that going without is nearly impossible, especially at work or in social relationships. It's not really a choice.

Sebastian : Peut-être, mais on peut quand même prendre des mesures pour protéger nos données : utiliser des VPN, chiffrer nos communications, être plus prudents avec les informations qu'on partage en ligne. Ce n'est pas parfait, mais c'est mieux que rien.

Sebastian: Maybe, but we can still take steps to protect our data: using VPNs, encrypting our communications, being more careful with what we share online. It's not perfect, but it's better than nothing.

Marta : Le problème, c'est que même avec ça, on n'est jamais totalement protégés. Les entreprises et les gouvernements ont toujours une longueur d'avance. Et puis, il y a les lois qui changent : regarde ce qui s'est passé avec le Patriot Act aux États-Unis après le 11 septembre. Les gens ont perdu des libertés sans vraiment s'en rendre compte.

Marta: The problem is that even with that, we're never fully protected. Companies and governments are always one step ahead. And then there are the laws that change: look at what happened with the Patriot Act in the US after 9/11. People lost freedoms without even realising it.

Sebastian : C'était un cas exceptionnel. On ne pouvait pas laisser le terrorisme se propager sans agir. Parfois, il faut accepter de renoncer à une partie de nos libertés pour le bien commun. La question, c'est où tracer la limite.

Sebastian: That was an exceptional case. We couldn't let terrorism spread without taking action. Sometimes we have to accept giving up some of our freedoms for the common good. The question is where to draw the line.

Marta : Et c'est bien ça le problème : où est la limite ? Parce qu'une fois que le pouvoir de surveillance est en place, il est très difficile de revenir en arrière. On voit déjà des régimes autoritaires qui utilisent ces technologies pour contrôler la population, pour réprimer la dissidence. Qu'est-ce qui nous dit que ça ne pourrait pas arriver ici aussi ?

Marta: And that's exactly the problem: where is the line? Because once surveillance power is in place, it's very hard to reverse. We're already seeing authoritarian regimes using these technologies to control the population, to repress dissent. What makes you think it couldn't happen here too?

Sebastian : Je pense que dans une démocratie, on a des garde-fous pour éviter ce genre de dérives. Il y a des contrôles, des tribunaux, des lois pour encadrer l'utilisation de ces technologies. On n'est pas en Chine ou en Russie.

Sebastian: I think that in a democracy, we have safeguards to prevent that kind of abuse. There are checks, courts, laws to regulate the use of these technologies. We're not in China or Russia.

Marta : Pour l'instant, oui. Mais qui sait ce que l'avenir nous réserve ? Plus on accepte de surveillance, plus on court le risque de perdre nos libertés. C'est un glissement progressif.

Marta: For now, yes. But who knows what the future holds? The more we accept surveillance, the more we risk losing our freedoms. It's a slippery slope.

Sebastian : Je comprends tes inquiétudes, mais je crois qu'on peut trouver un équilibre. La surveillance, quand elle est bien encadrée, peut vraiment être bénéfique. On ne peut pas vivre dans un monde sans risques, et parfois, ça veut dire accepter des compromis pour se protéger.

Sebastian: I understand your concerns, but I think we can find a balance. Surveillance, when properly regulated, can really be beneficial. We can't live in a world without risks, and sometimes that means accepting compromises to protect ourselves.

Marta : Je pense que la vraie protection, c'est de défendre nos droits, pas de les abandonner. Si on commence à accepter la surveillance de masse comme une norme, on perd ce qui fait de nous une société libre.

Marta: I think the real protection is defending our rights, not giving them up. If we start accepting mass surveillance as the norm, we lose what makes us a free society.

Intelligence Artificielle

Julia : J'ai lu tellement d'articles sur l'intelligence artificielle récemment. Certains disent que ça va révolutionner le monde, d'autres pensent que c'est une menace pour l'humanité. Toi, qu'en penses-tu ?

Julia: I've read so many articles about artificial intelligence recently. Some say it will revolutionise the world, others think it's a threat to humanity. What do you think?

Max : C'est vrai que l'intelligence artificielle a un énorme potentiel. Elle peut automatiser des tâches, améliorer l'efficacité dans de nombreux secteurs, et même aider à résoudre des problèmes complexes. Je pense que c'est une révolution technologique dont on ne peut pas se passer.

Max: It's true that artificial intelligence has huge potential. It can automate tasks, improve efficiency in many sectors, and even help solve complex problems. I think it's a technological revolution we can't ignore.

Julia : Mais c'est justement ça qui me fait peur. Si on commence à tout automatiser, qu'est-ce qui va arriver aux emplois ? Beaucoup de gens risquent de se retrouver sans travail. C'est déjà le cas dans certaines industries.

Julia: But that's exactly what scares me. If we start automating everything, what will happen to jobs? Many people risk losing their work. It's already happening in some industries.

Max : Oui, c'est un risque réel, mais l'histoire nous montre que chaque révolution industrielle détruit certains emplois tout en en créant de nouveaux. L'important, c'est de s'adapter et de se former aux nouvelles compétences que demandera l'intelligence artificielle.

Max: Yes, it's a real risk, but history shows us that every industrial revolution destroys some jobs while creating new ones. The important thing is to adapt and train in the new skills that artificial intelligence will require.

Julia : Peut-être, mais tout le monde n'a pas la possibilité de se former facilement. Et puis, les nouveaux emplois créés seront souvent très spécialisés. Qu'est-ce que vont devenir ceux qui n'ont pas les qualifications pour ces métiers high-tech ?

Julia: Maybe, but not everyone can easily retrain. And the new jobs created will often be very specialised. What will happen to those who don't have the qualifications for these high-tech jobs?

Max : Je comprends ton point, mais c'est là où les gouvernements doivent intervenir. Ils doivent investir dans l'éducation et la formation pour que personne ne soit laissé de côté. Ce n'est pas la faute de l'intelligence artificielle si les systèmes éducatifs ne suivent pas.

Max: I understand your point, but that's where governments need to step in. They must invest in education and training so that no one is left behind. It's not artificial intelligence's fault if education systems aren't keeping up.

Julia : C'est vrai, mais il y a aussi la question de l'éthique. On parle de plus en plus d'IA qui prend des décisions à notre place, que ce soit dans le domaine médical, juridique ou même militaire. Est-ce qu'on peut vraiment faire confiance à une machine pour prendre des décisions aussi cruciales ?

Julia: That's true, but there's also the ethical question. We're increasingly talking about AI making decisions for us, whether in the medical, legal, or even military fields. Can we really trust a machine to make such crucial decisions?

Max : Les machines ne prennent pas de décisions seules. Elles se basent sur des données et des algorithmes créés par des humains. Tant qu'on encadre bien l'utilisation de l'IA, elle peut être un outil très utile. Dans le domaine médical, par exemple, l'IA peut aider à diagnostiquer des maladies plus rapidement et avec plus de précision que des médecins humains.

Max: Machines don't make decisions on their own. They rely on data and algorithms created by humans. As long as we regulate the use of AI properly, it can be a very useful tool. In the medical field, for example, AI can help diagnose diseases faster and more accurately than human doctors.

Julia : Oui, mais l'IA n'a pas de conscience, elle ne comprend pas les nuances des émotions humaines. Un algorithme ne peut pas prendre en compte le contexte social ou émotionnel d'une décision. C'est là que je pense qu'on ne devrait pas lui faire autant confiance.

Julia: Yes, but AI doesn't have a conscience, it doesn't understand the nuances of human emotions. An algorithm can't take into account the social or emotional context of a decision. That's why I think we shouldn't trust it so much.

Max : C'est un vrai débat, c'est sûr. Mais je pense que l'IA est un outil complémentaire. Elle peut nous assister, mais elle ne devrait jamais remplacer complètement l'humain. Par exemple, dans le domaine médical, l'IA peut aider à poser un diagnostic, mais c'est toujours le médecin qui prendra la décision finale.

Max: That's definitely a real debate. But I think AI is a complementary tool. It can assist us, but it should never fully replace humans. For example, in the medical field, AI can help make a diagnosis, but it's always the doctor who makes the final decision.

Julia : Mais qu'en est-il des IA militaires ? Des drones autonomes qui prennent des décisions de vie ou de mort sans intervention humaine ? Là, on entre dans un terrain très dangereux. Une machine ne devrait pas avoir ce pouvoir.

Julia: But what about military AI? Autonomous drones that make life or death decisions without human intervention? That's where we enter very dangerous territory. A machine shouldn't have that power.

Max : Je suis d'accord que l'utilisation de l'IA dans le domaine militaire soulève des questions éthiques majeures. Il doit y avoir des régulations strictes pour éviter ces dérives. Mais en même temps, on ne peut pas ignorer les avantages que l'IA peut apporter en termes de sécurité et de défense.

Max: I agree that using AI in the military raises major ethical questions. There must be strict regulations to avoid these dangers. But at the same time, we can't ignore the advantages AI can bring in terms of security and defence.

Julia : Oui, mais ces régulations sont souvent en retard par rapport aux avancées technologiques. Et si on perdait le contrôle ? On parle de plus en plus d'une IA qui pourrait devenir autonome, voire surpasser l'intelligence humaine. Est-ce qu'on est vraiment prêts pour ça ?

Julia: Yes, but those regulations are often behind technological advances. What if we lose control? We're hearing more and more about AI that could become autonomous, even surpass human intelligence. Are we really ready for that?

Max : L'idée d'une super-intelligence autonome, c'est encore de la science-fiction pour moi. Mais il est vrai qu'on doit anticiper ces questions avant que les technologies ne soient trop avancées. Il y a des chercheurs qui travaillent justement sur l'éthique de l'IA pour éviter ces scénarios catastrophiques.

Max: The idea of an autonomous super-intelligence is still science fiction to me. But it's true that we need to anticipate these questions before the technologies become too advanced. There are researchers working specifically on AI ethics to prevent these catastrophic scenarios.

Julia : Ce qui est sûr, c'est qu'on est à un moment charnière. L'IA pourrait soit améliorer la vie de millions de personnes, soit devenir une menace si elle est mal utilisée. Il faut qu'on soit vigilants sur la manière dont elle est développée et utilisée.

Julia: One thing's for sure, we're at a pivotal moment. AI could either improve the lives of millions of people, or become a threat if misused. We need to be vigilant about how it's developed and used.

Max : Absolument. La technologie en elle-même n'est ni bonne ni mauvaise. Tout dépend de l'usage qu'on en fait. Mais il est certain que l'intelligence artificielle va continuer à transformer notre monde, que ce soit en bien ou en mal.

Max: Absolutely. Technology itself is neither good nor bad. It all depends on how we use it. But one thing's for sure, artificial intelligence is going to keep transforming our world, for better or for worse.

Protection des données

Lena : J'ai l'impression que la protection des données personnelles est devenue un véritable champ de bataille. Chaque jour, on entend parler de piratages, de fuites de données, et pourtant, les entreprises continuent de collecter nos informations sans notre consentement clair. Qu'est-ce que tu en penses, Tim ?

Lena: I feel like personal data protection has become a real battleground. Every day, we hear about hacks, data leaks, and yet companies keep collecting our information without our clear consent. What do you think, Tim?

Tim : C'est vrai que c'est un problème, mais en même temps, la plupart des gens ne se préoccupent pas vraiment de la protection des données. On est tous prêts à partager nos informations personnelles pour des services gratuits, que ce soit sur les réseaux sociaux ou pour des applications. On le fait tous sans vraiment réfléchir.

Tim: It's true that it's a problem, but at the same time, most people don't really worry about data protection. We're all willing to share our personal information for free services, whether on social media or apps. We all do it without really thinking.

Lena : Mais c'est justement là le problème ! On a créé une culture où nos données sont une monnaie d'échange. Les entreprises en profitent pour nous profiler, influencer nos choix, et même nos opinions politiques. C'est comme si on avait renoncé à notre vie privée.

Lena: But that's exactly the problem! We've created a culture where our data is a currency. Companies use it to profile us, influence our choices, and even our political opinions. It's as if we've given up our privacy.

Tim : Je suis d'accord que les entreprises utilisent nos données de manière excessive, mais en même temps, les services qu'elles offrent sont incroyablement pratiques. Google, Facebook, Amazon... ils facilitent la vie quotidienne. Si on veut tous ces services gratuitement, il faut bien qu'on donne quelque chose en retour.

Tim: I agree that companies use our data excessively, but at the same time, the services they offer are incredibly convenient. Google, Facebook, Amazon… they make daily life easier. If we want all these services for free, we have to give something in return.

Lena : Mais on donne beaucoup plus que ce qu'on pense. Ce ne sont pas juste nos goûts ou nos habitudes de consommation qui sont en jeu, mais aussi notre vie privée. Ces entreprises savent où on va, ce qu'on regarde, ce qu'on achète, et parfois même ce qu'on pense. On est devenus des produits, et je trouve ça inquiétant.

Lena: But we give much more than we think. It's not just our preferences or consumption habits at stake, but also our privacy. These companies know where we go, what we watch, what we buy, and sometimes even what we think. We've become the products, and I find that worrying.

Tim : Oui, mais personne ne nous force à utiliser ces services. On a toujours le choix de limiter ce qu'on partage en ligne. Et puis, il y a des options pour mieux protéger ses données, comme utiliser des VPN, des navigateurs privés ou des applications de messagerie chiffrées.

Tim: Yes, but no one forces us to use these services. We always have the choice to limit what we share online. And there are options to better protect our data, like using VPNs, private browsers, or encrypted messaging apps.

Lena : C'est vrai, mais même avec ces précautions, il est impossible d'échapper totalement à la collecte de données. Les entreprises trouvent toujours un moyen de suivre nos activités, que ce soit par les cookies ou par nos appareils connectés. Et le pire, c'est que la plupart des gens ne sont même pas conscients de l'ampleur de cette surveillance.

Lena: That's true, but even with these precautions, it's impossible to completely escape data collection. Companies always find a way to track our activities, whether through cookies or connected devices. And the worst part is that most people aren't even aware of the scale of this surveillance.

Tim : C'est sûr que l'ampleur de la surveillance est inquiétante, mais il y a aussi des réglementations qui tentent de protéger les consommateurs. Le RGPD en Europe, par exemple, est un grand pas en avant pour la protection des données. Ce n'est pas parfait, mais ça prouve qu'on avance dans la bonne direction.

Tim: The extent of surveillance is definitely concerning, but there are regulations trying to protect consumers. The GDPR in Europe, for example, is a big step forward for data protection. It's not perfect, but it shows we're moving in the right direction.

Lena : Le RGPD est un bon début, mais il y a encore trop de failles. Et dans d'autres régions du monde, les lois sur la protection des données sont quasiment inexistantes. Certaines entreprises stockent même leurs données dans des pays où la réglementation est plus laxiste pour contourner ces lois.

Lena: The GDPR is a good start, but there are still too many loopholes. And in other parts of the world, data protection laws are almost non-existent. Some companies even store their data in countries with laxer regulations to bypass these laws.

Tim : C'est vrai, mais ça montre bien que le problème est global. Il faudrait une harmonisation internationale des règles de protection des données, et ça, c'est extrêmement compliqué à mettre en place. Les pays ont des priorités économiques différentes, et pour beaucoup, la collecte de données est une mine d'or.

Tim: That's true, but it shows the problem is global. We'd need international harmonisation of data protection rules, and that's extremely difficult to implement. Countries have different economic priorities, and for many, data collection is a goldmine.

Lena : Et c'est bien là le problème. Les données sont devenues le nouvel or noir du 21e siècle, et les gouvernements eux-mêmes ne sont pas toujours innocents. Ils collectent aussi nos données, sous prétexte de sécurité ou de lutte contre le terrorisme. Où est la limite entre la protection des citoyens et l'invasion de leur vie privée ?

Lena: And that's the problem. Data has become the new black gold of the 21st century, and governments themselves aren't always innocent. They collect our data too, under the pretext of security or fighting terrorism. Where's the line between protecting citizens and invading their privacy?

Tim : La limite est fine, c'est sûr. Mais je pense qu'il y a des cas où la surveillance est nécessaire. Quand il s'agit de sécurité nationale ou de prévenir des attentats, il faut bien que les gouvernements puissent surveiller certaines activités suspectes. On ne peut pas tout avoir : la sécurité totale et une confidentialité absolue.

Tim: It's definitely a fine line. But I think there are cases where surveillance is necessary. When it comes to national security or preventing attacks, governments need to be able to monitor certain suspicious activities. We can't have it all: total security and absolute privacy.

Lena : Je comprends le besoin de sécurité, mais à quel prix ? Si on commence à accepter la surveillance de masse, même pour des raisons de sécurité, on risque de perdre nos libertés fondamentales. Ce n'est pas pour rien qu'on compare souvent ça à un "Big Brother" moderne.

Lena: I understand the need for security, but at what cost? If we start accepting mass surveillance, even for security reasons, we risk losing our fundamental freedoms. It's not for nothing that people often compare it to a modern "Big Brother."

Tim : C'est un dilemme. Mais je crois que tant que les données sont utilisées de manière responsable et dans un cadre légal, ça peut fonctionner. Le problème, c'est la transparence. Les entreprises et les gouvernements doivent être plus clairs sur la manière dont ils utilisent nos données, et on devrait avoir un contrôle plus direct sur ce qu'on partage.

Tim: It's a dilemma. But I think as long as data is used responsibly and within a legal framework, it can work. The problem is transparency. Companies and governments need to be clearer about how they use our data, and we should have more direct control over what we share.

Lena : Mais est-ce qu'on peut vraiment leur faire confiance ? Tant qu'il y a des profits à faire ou des intérêts politiques en jeu, j'ai du mal à croire qu'on aura jamais une véritable transparence. C'est à nous, en tant que citoyens, d'exiger plus de régulations et de contrôler ce qui se passe.

Lena: But can we really trust them? As long as there are profits to be made or political interests at stake, I find it hard to believe we'll ever have true transparency. It's up to us, as citizens, to demand more regulations and take control of what's happening.

Tim : Peut-être. Mais je pense qu'on doit aussi accepter que dans le monde moderne, une part de notre vie privée sera toujours en ligne. Ce qui compte, c'est de s'informer et de prendre des mesures pour limiter les risques. On ne peut pas totalement sortir du système, mais on peut essayer d'en minimiser l'impact.

Tim: Maybe. But I think we also have to accept that in the modern world, part of our privacy will always be online. What matters is being informed and taking steps to limit the risks. We can't totally escape the system, but we can try to minimise its impact.

Lena : Peut-être, mais je refuse de croire qu'on est condamnés à être surveillés en permanence. La technologie doit évoluer avec des principes éthiques solides, et c'est à nous de nous battre pour que notre vie privée soit respectée, même à l'ère du numérique.

Lena: Maybe, but I refuse to believe we're doomed to be constantly watched. Technology must evolve with solid ethical principles, and it's up to us to fight to ensure our privacy is respected, even in the digital age.

Réseaux sociaux

Clara : J'ai l'impression que les réseaux sociaux ont complètement changé notre façon de vivre. D'un côté, c'est génial de pouvoir se connecter avec tout le monde, mais de l'autre, ça devient vraiment toxique. Qu'est-ce que tu en penses, Leo ?

Clara: I feel like social media has completely changed the way we live. On one hand, it's great to be able to connect with everyone, but on the other hand, it's becoming really toxic. What do you think, Leo?

Leo : C'est vrai, les réseaux sociaux ont beaucoup d'avantages. Ils permettent de rester en contact avec des amis, de découvrir des idées nouvelles, et même de lancer des mouvements sociaux. Mais il ne faut pas nier que ça peut aussi être néfaste. Entre la désinformation, la pression des "likes", et le harcèlement en ligne, il y a de vrais problèmes.

Leo: That's true, social media has many advantages. It helps us stay in touch with friends, discover new ideas, and even launch social movements. But we can't deny it can also be harmful. Between misinformation, the pressure of "likes," and online harassment, there are real problems.

Clara : Oui, et ce qui me dérange le plus, c'est à quel point tout est devenu superficiel. Les gens montrent une version idéalisée de leur vie, et ça met une pression énorme, surtout sur les jeunes. Ils pensent qu'ils doivent être parfaits, avoir le corps parfait, la vie parfaite... C'est complètement irréaliste.

Clara: Yes, and what bothers me the most is how everything has become so superficial. People show an idealised version of their life, and it puts huge pressure, especially on young people. They think they need to be perfect, have the perfect body, the perfect life... It's completely unrealistic.

Leo : Absolument, il y a cette culture de la perfection qui est vraiment toxique. Mais en même temps, les réseaux sociaux ne font que refléter ce que la société valorise déjà : l'apparence, la réussite, le statut social. Ce n'est pas un problème des réseaux en soi, mais plutôt de notre société qui met trop l'accent sur ces choses.

Leo: Absolutely, there's this culture of perfection that's really toxic. But at the same time, social media just reflects what society already values: appearance, success, social status. It's not a problem with social media itself, but rather with our society that puts too much emphasis on these things.

Clara : Je suis d'accord, mais avant, on n'était pas bombardés 24 heures sur 24 par ces images. Maintenant, même si tu ne veux pas y prêter attention, c'est partout. Et ça affecte vraiment la santé mentale des gens. Il y a tellement de jeunes qui se sentent déprimés à cause de ça.

Clara: I agree, but before, we weren't bombarded 24/7 with these images. Now, even if you don't want to pay attention to it, it's everywhere. And it really affects people's mental health. So many young people feel depressed because of it.

Leo : C'est vrai. Les études montrent que l'utilisation excessive des réseaux sociaux peut être liée à la dépression, à l'anxiété, et à des problèmes d'estime de soi. Mais d'un autre côté, c'est aussi un outil incroyable pour créer des communautés, pour se soutenir les uns les autres. Regarde les groupes de soutien en ligne ou les campagnes de sensibilisation qui touchent des millions de personnes.

Leo: That's true. Studies show that excessive use of social media can be linked to depression, anxiety, and self-esteem issues. But on the other hand, it's also an amazing tool for creating communities, for supporting each other. Look at online support groups or awareness campaigns that reach millions of people.

Clara : Oui, il y a des aspects positifs, je ne dis pas le contraire. Mais à quel prix ? Les algorithmes sont conçus pour nous rendre accros, pour qu'on reste le plus longtemps possible connectés, et c'est là que ça devient dangereux. On perd tellement de temps sur nos téléphones, on en devient presque esclaves.

Clara: Yes, there are positive aspects, I'm not denying that. But at what cost? The algorithms are designed to keep us addicted, to keep us connected as long as possible, and that's where it gets dangerous. We waste so much time on our phones, we almost become slaves to them.

Leo : C'est vrai, et c'est là que les entreprises comme Facebook ou Instagram sont responsables. Elles savent exactement comment manipuler notre attention. Mais au final, c'est aussi à nous de décider comment on utilise ces plateformes. On peut choisir de limiter notre temps en ligne, non ?

Leo: That's true, and that's where companies like Facebook or Instagram are responsible. They know exactly how to manipulate our attention. But in the end, it's also up to us to decide how we use these platforms. We can choose to limit our time online, right?

Clara : C'est plus facile à dire qu'à faire. Les réseaux sont conçus pour être addictifs, et beaucoup de gens n'ont pas cette discipline. Et puis, il y a aussi le côté social : si tu ne participes pas, tu te sens exclu. Il y a une pression à être constamment connecté, à être au courant de tout.

Clara: That's easier said than done. Social media is designed to be addictive, and many people don't have that discipline. And then there's the social aspect: if you don't participate, you feel left out. There's pressure to be constantly connected, to be in the know.

Leo : Oui, cette pression sociale est réelle. Mais je crois que de plus en plus de gens prennent conscience de l'impact négatif des réseaux et commencent à se déconnecter ou à utiliser les réseaux de manière plus consciente. Tu as entendu parler des mouvements de "digital detox" ?

Leo: Yes, that social pressure is real. But I think more and more people are becoming aware of the negative impact of social media and are starting to disconnect or use it more mindfully. Have you heard of the "digital detox" movements?

Clara : Oui, mais je trouve que c'est plus facile pour ceux qui ont déjà une vie bien établie. Pour les jeunes, les influenceurs, ou même ceux dont le travail dépend des réseaux sociaux, c'est quasiment impossible. Ils sont pris dans ce cercle vicieux.

Clara: Yes, but I think it's easier for those who already have a well-established life. For young people, influencers, or even those whose work depends on social media, it's almost impossible. They're caught in a vicious circle.

Leo : C'est vrai. Et les influenceurs sont eux-mêmes sous une pression énorme. Ils doivent constamment produire du contenu, rester pertinents, et répondre aux attentes de leur audience. C'est un travail à plein temps, et ça peut devenir épuisant.

Leo: That's true. And influencers themselves are under enormous pressure. They constantly have to produce content, stay relevant, and meet their audience's expectations. It's a full-time job, and it can become exhausting.

Clara : C'est triste, parce que les réseaux sociaux étaient censés être un espace de liberté, où chacun pouvait s'exprimer, se connecter avec le monde. Mais maintenant, ça ressemble plus à une vitrine où tout est calculé pour obtenir des "likes" et de la reconnaissance.

Clara: It's sad because social media was supposed to be a space of freedom, where everyone could express themselves and connect with the world. But now it's more like a shop window where everything is calculated to get "likes" and recognition.

Leo : C'est vrai, mais je crois qu'il y a encore des espaces authentiques sur les réseaux. Tout n'est pas perdu. Il faut juste être plus sélectif dans ce qu'on consomme, et ne pas se laisser piéger par la course aux apparences.

Leo: That's true, but I believe there are still authentic spaces on social media. Not everything is lost. We just need to be more selective in what we consume and not get caught up in the race for appearances.

Clara : Peut-être. Mais je pense qu'on a besoin de plus de régulations. Les entreprises doivent être tenues responsables de l'impact de leurs algorithmes sur notre santé mentale, surtout celle des jeunes. On ne peut pas juste compter sur l'autorégulation.

Clara: Maybe. But I think we need more regulations. Companies must be held accountable for the impact their algorithms have on our mental health, especially on young people. We can't just rely on self-regulation.

Leo : Oui, je pense que c'est essentiel. Il y a déjà des discussions sur l'impact des réseaux sociaux sur les jeunes, et certains gouvernements envisagent de prendre des mesures. Mais au final, c'est un problème complexe, et ça ne se réglera pas du jour au lendemain.

Leo: Yes, I think that's essential. There are already discussions about the impact of social media on young people, and some governments are considering taking action. But in the end, it's a complex problem, and it won't be solved overnight.

Clara : Non, bien sûr. Mais je crois qu'il est important de continuer à en parler, de sensibiliser les gens sur les dangers des réseaux sociaux, tout en reconnaissant les aspects positifs. C'est un outil puissant, mais comme tout outil, il faut savoir l'utiliser de manière responsable.

Clara: No, of course. But I think it's important to keep talking about it, to raise awareness of the dangers of social media while recognising the positive aspects. It's a powerful tool, but like any tool, we need to know how to use it responsibly.

Leo : Tout à fait. Les réseaux sociaux font partie de notre quotidien, et ils ne vont pas disparaître. Mais on doit apprendre à les utiliser de manière plus saine, pour notre bien-être mental et social.

Leo: Exactly. Social media is part of our daily lives, and it's not going away. But we need to learn to use it in a healthier way, for our mental and social well-being.

Expérimentation animale

Nina : Chaque fois que je lis quelque chose sur les tests sur les animaux, ça me révolte. Comment peut-on encore, en 2024, utiliser des êtres vivants pour tester des produits cosmétiques ou des médicaments ?

Nina: Every time I read something about animal testing, it outrages me. How can we still, in 2024, use living beings to test cosmetics or medicines?

Philipp : Je comprends ton point de vue, mais il faut reconnaître que sans les tests sur les animaux, on n'aurait pas les avancées médicales qu'on a aujourd'hui. C'est grâce à eux qu'on a pu développer des traitements pour des maladies graves comme le cancer ou le sida.

Philipp: I understand your point of view, but we have to admit that without animal testing, we wouldn't have the medical advancements we have today. It's thanks to them that we've been able to develop treatments for serious diseases like cancer or AIDS.

Nina : Peut-être, mais à quel prix ? Les animaux souffrent, ils sont enfermés, torturés, et souvent tués à la fin des expériences. C'est inhumain, et on devrait trouver des alternatives. On vit à une époque où la technologie est tellement avancée qu'on n'a plus besoin de ces méthodes archaïques.

Nina: Maybe, but at what cost? Animals suffer, they're confined, tortured, and often killed at the end of experiments. It's inhumane, and we should find alternatives. We live in a time where technology is so advanced that we no longer need these archaic methods.

Philipp : Il existe effectivement des alternatives, comme les tests in vitro ou les modèles informatiques, mais elles ne sont pas encore suffisantes pour remplacer complètement les tests sur les animaux. Il y a des aspects de la biologie humaine qu'on ne peut pas reproduire en laboratoire sans passer par des organismes vivants.

Philipp: There are indeed alternatives, like in vitro tests or computer models, but they're not yet sufficient to fully replace animal testing. There are aspects of human biology that we can't replicate in the lab without using living organisms.

Nina : Mais certaines entreprises le font déjà, surtout dans l'industrie cosmétique. Des pays comme l'Union européenne ont interdit les tests sur les animaux pour les cosmétiques, et pourtant, on continue de les pratiquer ailleurs. C'est une question de volonté politique et éthique.

Nina: But some companies are already doing it, especially in the cosmetics industry. Countries like the European Union have banned animal testing for cosmetics, and yet, it continues elsewhere. It's a question of political and ethical will.

Philipp : Oui, c'est vrai pour les cosmétiques, mais pour les médicaments, c'est beaucoup plus compliqué. Les régulateurs exigent encore des données sur les effets des médicaments sur les organismes vivants avant de les approuver. On ne peut pas simplement sauter cette étape, car il en va de la sécurité des patients.

Philipp: Yes, that's true for cosmetics, but for medicines, it's much more complicated. Regulators still require data on the effects of drugs on living organisms before approving them. We can't just skip that step, as it's about patient safety.

Nina : Je comprends qu'on veuille protéger les patients, mais les animaux ne devraient pas être sacrifiés pour ça. Ils ressentent la douleur, la peur, tout comme nous. Il y a aussi un aspect moral qu'on ne peut pas ignorer. Nous n'avons pas le droit de traiter les animaux comme des objets.

Nina: I understand the need to protect patients, but animals shouldn't be sacrificed for that. They feel pain, fear, just like we do. There's also a moral aspect we can't ignore. We have no right to treat animals like objects.

Philipp : C'est une question de priorités. Pour moi, la santé humaine doit passer avant tout. Si un médicament peut sauver des vies, alors il vaut mieux sacrifier quelques animaux que de risquer la vie de milliers d'humains. C'est cruel, oui, mais c'est un mal nécessaire.

Philipp: It's a matter of priorities. For me, human health has to come first. If a medicine can save lives, it's better to sacrifice a few animals than risk the lives of thousands of humans. It's cruel, yes, but it's a necessary evil.

Nina : Mais pourquoi est-ce toujours les animaux qui paient le prix ? Pourquoi est-ce qu'on ne met pas plus de ressources dans le développement d'alternatives ? Je suis convaincue qu'on pourrait trouver des solutions si on y mettait vraiment les moyens.

Nina: But why is it always the animals who pay the price? Why aren't we putting more resources into developing alternatives? I'm convinced we could find solutions if we truly invested in it.

Philipp : C'est une question de coût et de temps. Développer des alternatives fiables prend des années, et les entreprises pharmaceutiques ne peuvent pas se permettre d'attendre si longtemps. Elles sont sous pression pour mettre de nouveaux traitements sur le marché rapidement.

Philipp: It's a matter of cost and time. Developing reliable alternatives takes years, and pharmaceutical companies can't afford to wait that long. They're under pressure to bring new treatments to the market quickly.

Nina : Donc, on sacrifie des vies animales pour des raisons économiques ? C'est exactement ça le problème. Tant qu'on verra les animaux comme des ressources qu'on peut exploiter, rien ne changera.

Nina: So, we sacrifice animal lives for economic reasons? That's exactly the problem. As long as we see animals as resources to exploit, nothing will change.

Philipp : Je suis d'accord qu'il faut changer notre perspective sur la question, mais en attendant, on doit être réalistes. Les tests sur les animaux, bien qu'imparfaits, sont pour l'instant indispensables. L'important, c'est de réduire au maximum leur usage et de veiller à ce qu'ils soient faits de manière éthique.

Philipp: I agree that we need to change our perspective, but in the meantime, we have to be realistic. Animal testing, though imperfect, is still indispensable for now. The important thing is to reduce their use as much as possible and ensure they're done ethically.

Nina : De manière éthique ? Je ne crois pas qu'il y ait une manière "éthique" de faire souffrir un animal pour des intérêts humains. Tant qu'on utilisera des animaux dans nos laboratoires, on sera complices de cruauté.

Nina: Ethically? I don't believe there's an "ethical" way to make an animal suffer for human interests. As long as we use animals in our labs, we're complicit in cruelty.

Philipp : Alors, selon toi, on devrait arrêter complètement les tests sur les animaux, même si cela ralentit la recherche médicale ?

Philipp: So, in your opinion, we should completely stop animal testing, even if it slows down medical research?

Nina : Oui, je pense qu'on doit prendre ce risque. La souffrance animale ne peut pas être justifiée par des arguments de progrès scientifique. Si on investissait plus dans la recherche d'alternatives, on trouverait des solutions qui respectent à la fois la vie humaine et animale.

Nina: Yes, I think we need to take that risk. Animal suffering cannot be justified by arguments of scientific progress. If we invested more in alternative research, we'd find solutions that respect both human and animal life.

Philipp : C'est une vision très idéaliste. Je respecte ton point de vue, mais je pense que dans le monde réel, on ne peut pas se permettre de prendre ce risque. Tant qu'on n'a pas d'alternatives fiables, on ne peut pas se permettre de tout arrêter.

Philipp: That's a very idealistic view. I respect your opinion, but I think in the real world, we can't afford to take that risk. As long as we don't have reliable alternatives, we can't afford to stop everything.

Nina : Peut-être, mais tant qu'on continuera sur cette voie, on perpétuera un système qui considère la vie animale comme

Nina: Maybe, but as long as we continue down this path, we'll perpetuate a system that sees animal life as inferior. It's a question of values, and for me, it's time to completely rethink our relationship with other living beings.

Énergies renouvelables

Sophie : On parle de plus en plus d'énergies renouvelables comme la solution miracle au changement climatique, mais je me demande si c'est vraiment aussi simple. Est-ce qu'on peut vraiment tout miser sur l'éolien et le solaire pour remplacer le charbon et le pétrole ?

Sophie: We're hearing more and more about renewable energy as the miracle solution to climate change, but I wonder if it's really that simple. Can we really rely entirely on wind and solar to replace coal and oil?

Thomas : C'est clair que les énergies renouvelables sont essentielles. On ne peut plus continuer à brûler des combustibles fossiles comme on le fait. Le solaire et l'éolien sont des ressources infinies, alors pourquoi ne pas les exploiter au maximum ?

Thomas: It's clear that renewable energy is essential. We can't keep burning fossil fuels like we are. Solar and wind are infinite resources, so why not make the most of them?

Sophie : C'est vrai, mais les énergies renouvelables ont aussi leurs limites. Le solaire ne fonctionne pas quand il n'y a pas de soleil, et l'éolien dépend du vent. Comment est-ce qu'on peut garantir une production d'énergie constante avec ces sources ?

Sophie: That's true, but renewable energy also has its limits. Solar doesn't work when there's no sun, and wind power depends on the wind. How can we ensure a constant energy supply with these sources?

Thomas : C'est là que la technologie entre en jeu. On a de plus en plus de solutions pour stocker l'énergie, comme les batteries de grande capacité. Et puis, on peut combiner plusieurs sources d'énergies renouvelables pour assurer une production continue.

Thomas: That's where technology comes in. We're getting more and more solutions for storing energy, like high-capacity batteries. And we can combine different renewable energy sources to ensure continuous production.

Sophie : D'accord, mais les batteries ne sont pas non plus parfaites. Leur production demande des métaux rares qui sont extraits dans des conditions souvent peu éthiques, et elles ont une durée de vie limitée. Sans parler du recyclage qui est encore un gros problème.

Sophie: Okay, but batteries aren't perfect either. Their production requires rare metals, often extracted under unethical conditions, and they have a limited lifespan. Not to mention that recycling is still a big issue.

Thomas : C'est vrai, il y a des défis, mais on ne peut pas attendre une solution parfaite pour agir. Le charbon et le pétrole polluent bien plus et ont des impacts beaucoup plus graves sur l'environnement. On doit faire des compromis, mais au moins, les énergies renouvelables sont une voie plus durable.

Thomas: That's true, there are challenges, but we can't wait for a perfect solution to act. Coal and oil pollute much more and have far more serious impacts on the environment. We have to make compromises, but at least renewable energy is a more sustainable path.

Sophie : Mais qu'est-ce que tu dis des impacts environnementaux des parcs éoliens ou des centrales solaires ? Ils occupent énormément de terrain, et il y a des critiques sur l'effet des éoliennes sur la faune, notamment les oiseaux. Ce n'est pas totalement "vert".

Sophie: But what do you say about the environmental impacts of wind farms or solar plants? They take up huge amounts of land, and there are criticisms about the effects of wind turbines on wildlife, especially birds. It's not completely "green."

Thomas : C'est vrai qu'il y a des impacts locaux, mais ils sont minimes par rapport aux dégâts causés par les industries pétrolières ou charbonnières. On doit peser les avantages et les inconvénients. Si on veut réduire les émissions de CO2, les énergies renouvelables restent la meilleure option.

Thomas: It's true there are local impacts, but they're minimal compared to the damage caused by the oil or coal industries. We have to weigh the pros and cons. If we want to reduce CO2 emissions, renewable energy is still the best option.

Sophie : Et que dis-tu du nucléaire ? C'est une énergie décarbonée et beaucoup plus fiable en termes de production continue. Pourtant, beaucoup de pays abandonnent cette option au profit des énergies renouvelables, même si le nucléaire pourrait nous aider à atteindre nos objectifs climatiques plus rapidement.

Sophie: And what about nuclear energy? It's carbon-free and much more reliable in terms of continuous production. Yet many countries are abandoning this option in favour of renewables, even though nuclear could help us reach our climate goals faster.

Thomas : Le nucléaire, c'est un autre débat. C'est vrai qu'il produit peu d'émissions de CO2, mais les risques associés sont énormes. On a vu ce qui s'est passé à Fukushima et Tchernobyl. Sans parler du problème des déchets nucléaires qui restent dangereux pendant des milliers d'années. C'est une bombe à retardement.

Thomas: Nuclear is another debate. It's true that it produces few CO2 emissions, but the risks involved are huge. We saw what happened at Fukushima and Chernobyl. Not to mention the issue of nuclear waste, which remains dangerous for thousands of years. It's a ticking time bomb.

Sophie : Oui, mais on ne peut pas tout baser sur la peur de catastrophes. Les technologies ont évolué, et les centrales nucléaires d'aujourd'hui sont bien plus sûres. Si on veut vraiment réduire nos émissions rapidement, le nucléaire pourrait être une partie de la solution, au moins temporairement, jusqu'à ce que les renouvelables soient plus développées.

Sophie: Yes, but we can't base everything on the fear of disasters. Technologies have evolved, and today's nuclear plants are much safer. If we really want to reduce emissions quickly, nuclear could be part of the solution, at least temporarily, until renewables are more developed.

Thomas : Peut-être, mais je pense que le futur est clairement dans les énergies renouvelables. Le nucléaire est trop controversé et dangereux pour être la solution sur le long terme. Avec les avancées dans les technologies de stockage d'énergie et l'optimisation des réseaux électriques, je suis convaincu qu'on pourra un jour se passer entièrement du nucléaire et des fossiles.

Thomas: Maybe, but I think the future is clearly in renewable energy. Nuclear is too controversial and dangerous to be the long-term solution. With advances in energy storage technologies and optimising electricity grids, I'm convinced we'll one day be able to do without nuclear and fossil fuels entirely.

Sophie : Je l'espère, mais j'ai l'impression qu'on se précipite un peu sans penser à toutes les implications. Ce qu'il nous faut, c'est une transition énergétique bien pensée, qui prenne en compte toutes les options, y compris le nucléaire. Sinon, on risque de se retrouver avec des coupures d'électricité ou une dépendance accrue à des technologies qui ne sont pas encore prêtes à être déployées à grande échelle.

Sophie: I hope so, but I feel like we're rushing things without thinking about all the implications. What we need is a well-thought-out energy transition that considers all options, including nuclear. Otherwise, we risk ending up with power cuts or increased reliance on technologies that aren't yet ready for large-scale deployment.

Thomas : Je suis d'accord qu'il faut une transition bien réfléchie, mais les énergies renouvelables sont déjà suffisamment avancées pour jouer un rôle majeur. Ce qu'il nous manque, c'est la volonté politique et les investissements nécessaires pour accélérer leur déploiement. Si on attend trop, on risque de louper l'opportunité de vraiment changer les choses.

Thomas: I agree that we need a well-thought-out transition, but renewables are already advanced enough to play a major role. What we lack is the political will and the necessary investments to speed up their deployment. If we wait too long, we might miss the opportunity to really make a difference.

Sophie : Oui, tu as raison sur l'investissement. Mais je pense qu'il faut aussi rester pragmatique et garder toutes les options sur la table. La lutte contre le changement climatique est trop importante pour qu'on s'enferme dans une seule solution.

Sophie: Yes, you're right about investment. But I think we also need to stay pragmatic and keep all options on the table. The fight against climate change is too important to lock ourselves into just one solution.

Thomas : Peut-être, mais une chose est sûre : on ne peut plus dépendre des énergies fossiles. Que ce soit le solaire, l'éolien ou même le nucléaire, l'important, c'est d'avancer vers un futur plus propre et plus durable, avant qu'il ne soit trop tard.

Thomas: Maybe, but one thing is certain: we can't rely on fossil fuels anymore. Whether it's solar, wind, or even nuclear, the important thing is to move towards a cleaner and more sustainable future, before it's too late.

Énergie nucléaire

Marie : L'énergie nucléaire me semble être une solution indispensable si on veut vraiment lutter contre le changement climatique. C'est une source d'énergie propre, fiable et qui ne dépend pas du vent ou du soleil. Qu'est-ce que tu en penses, Paul ?

Marie: Nuclear energy seems to me to be an essential solution if we really want to fight climate change. It's a clean, reliable energy source that doesn't depend on wind or sun. What do you think, Paul?

Paul : Je comprends pourquoi tu le penses, mais le nucléaire reste une technologie trop dangereuse. Il suffit de regarder ce qui s'est passé à Fukushima ou à Tchernobyl. Les risques sont énormes, et même si ça arrive rarement, les conséquences d'un accident sont catastrophiques.

Paul: I understand why you think that, but nuclear is still a too dangerous technology. Just look at what happened in Fukushima or Chernobyl. The risks are enormous, and even if accidents are rare, the consequences are catastrophic.

Marie : Je suis d'accord que ces accidents ont été horribles, mais c'était des centrales anciennes. Aujourd'hui, la technologie a évolué, et les centrales modernes sont beaucoup plus sûres. De plus, si on veut vraiment atteindre nos objectifs climatiques, on n'a pas le luxe d'ignorer une source d'énergie décarbonée comme le nucléaire.

Marie: I agree that those accidents were terrible, but they were in old power plants. Today, technology has evolved, and modern plants are much safer. Also, if we really want to reach our climate goals, we can't afford to ignore a carbon-free energy source like nuclear.

Paul : C'est vrai que le nucléaire produit peu de CO2, mais il y a aussi le problème des déchets. Ces déchets restent dangereux pendant des milliers d'années, et on n'a toujours pas trouvé de solution durable pour les gérer. On laisse un héritage toxique aux générations futures.

Paul: It's true that nuclear produces little CO2, but there's also the issue of waste. This waste remains dangerous for thousands of years, and we still haven't found a sustainable solution to manage it. We're leaving a toxic legacy for future generations.

Marie : C'est un problème, mais il existe des avancées technologiques pour réduire la quantité de déchets ou même les recycler. De plus, la quantité de déchets nucléaires est minuscule comparée aux émissions de CO2 des centrales à charbon ou à gaz. Si on ne fait rien, c'est le changement climatique qui va détruire notre planète bien avant que les déchets nucléaires ne le fassent.

Marie: That's a problem, but there are technological advances to reduce the amount of waste or even recycle it. Plus, the amount of nuclear waste is tiny compared to the CO2 emissions from coal or gas plants. If we do nothing, climate change will destroy our planet long before nuclear waste does.

Paul : Je ne dis pas qu'on doit ignorer la crise climatique, mais je pense qu'on pourrait miser davantage sur les énergies renouvelables. Le solaire, l'éolien, et même l'hydroélectricité ont un potentiel énorme. On pourrait investir dans des technologies de stockage d'énergie pour pallier leur intermittence plutôt que de relancer le nucléaire.

Paul: I'm not saying we should ignore the climate crisis, but I think we could focus more on renewables. Solar, wind, and even hydroelectricity have huge potential. We could invest in energy storage technologies to overcome their intermittency rather than reviving nuclear.

Marie : Le problème, c'est que les renouvelables ne suffisent pas encore à fournir une énergie stable en continu. Le vent ne souffle pas toujours, et le soleil ne brille pas la nuit. C'est là où le nucléaire peut combler les lacunes. On a besoin d'une énergie de base fiable, et pour l'instant, le nucléaire est la meilleure option.

Marie: The problem is that renewables aren't yet enough to provide stable, continuous energy. The wind doesn't always blow, and the sun doesn't shine at night. That's where nuclear can fill the gaps.

We need a reliable baseload energy, and for now, nuclear is the best option.

Paul : Peut-être, mais le coût de construction des centrales nucléaires est astronomique. Et ça prend des décennies avant qu'une centrale soit opérationnelle. Pendant ce temps, les énergies renouvelables deviennent de moins en moins chères et de plus en plus efficaces. Pourquoi investir autant d'argent dans une technologie qui est si lente à se déployer ?

Paul: Maybe, but the cost of building nuclear plants is astronomical. And it takes decades for a plant to become operational. Meanwhile, renewables are becoming cheaper and more efficient. Why invest so much money in a technology that's so slow to deploy?

Marie : Les coûts initiaux sont élevés, c'est vrai, mais une fois construites, les centrales nucléaires produisent de l'énergie à bas prix pendant des décennies. De plus, le nucléaire offre une stabilité énergétique que les énergies renouvelables ne peuvent pas encore garantir. C'est un investissement à long terme, et on ne peut pas se permettre de le négliger si on veut réduire nos émissions à temps.

Marie: The initial costs are high, that's true, but once built, nuclear plants produce cheap energy for decades. Plus, nuclear offers energy stability that renewables can't guarantee yet. It's a long-term investment, and we can't afford to overlook it if we want to reduce emissions in time.

Paul : Mais il y a aussi la question de la sécurité. Même avec des centrales modernes, on n'est jamais à l'abri d'un accident. Sans compter les risques liés au terrorisme. Une attaque sur une centrale nucléaire pourrait avoir des conséquences désastreuses.

Paul: But there's also the issue of safety. Even with modern plants, we're never completely safe from an accident. Not to mention the risks related to terrorism. An attack on a nuclear plant could have disastrous consequences.

Marie : C'est un risque, mais la sécurité des centrales a été énormément renforcée. De plus, si on parle de risques, le changement climatique est une menace bien plus immédiate. Les catastrophes naturelles, les vagues de chaleur, et la montée des océans sont des dangers concrets qui touchent déjà des millions de personnes. On ne peut pas se permettre d'ignorer le potentiel du nucléaire dans cette lutte.

Marie: That's a risk, but the safety of nuclear plants has been significantly improved. Plus, if we're talking about risks, climate change is a much more immediate threat. Natural disasters, heatwaves, and rising sea levels are real dangers already affecting millions of people. We can't afford to ignore the potential of nuclear in this fight.

Paul : Peut-être, mais je reste sceptique. Pour moi, les énergies renouvelables sont l'avenir. Le nucléaire appartient au passé, avec ses dangers et ses déchets. Ce qu'il nous faut, c'est une transition vers une économie verte basée sur des sources d'énergie vraiment durables et sans risques.

Paul: Maybe, but I remain sceptical. For me, renewables are the future. Nuclear belongs to the past, with its dangers and waste. What we need is a transition to a green economy based on truly sustainable and risk-free energy sources.

Marie : Les énergies renouvelables sont importantes, mais je pense que c'est naïf de croire qu'elles suffiront à elles seules. Le nucléaire est peut-être imparfait, mais c'est une partie essentielle de la solution si on veut vraiment lutter efficacement contre le réchauffement climatique.

Marie: Renewables are important, but I think it's naive to believe they'll be enough on their own. Nuclear may be imperfect, but it's an essential part of the solution if we really want to fight climate change effectively.

Urbanisation

Clara : J'ai l'impression que l'urbanisation ne fait que s'accélérer. De plus en plus de gens quittent la campagne pour s'installer en ville. Mais est-ce que c'est vraiment une bonne chose pour la société et l'environnement, Tom ?

Clara: I feel like urbanisation is only speeding up. More and more people are leaving the countryside to settle in cities. But is that really a good thing for society and the environment, Tom?

Tom : C'est inévitable. Les villes offrent plus d'opportunités économiques, d'accès aux services, et une meilleure qualité de vie pour beaucoup de gens. L'urbanisation est un signe de développement. Regarde les pays en croissance rapide, c'est dans les villes que tout se passe.

Tom: It's inevitable. Cities offer more economic opportunities, access to services, and a better quality of life for many people. Urbanisation is a sign of development. Look at rapidly growing countries; everything is happening in the cities.

Clara : Peut-être, mais on ne peut pas ignorer les conséquences négatives. Les villes deviennent surpeuplées, les loyers explosent, et la pollution atteint des niveaux alarmants. Et puis, qu'est-ce qui arrive à la campagne ? On abandonne des zones entières, ce qui crée de nouveaux problèmes.

Clara: Maybe, but we can't ignore the negative consequences. Cities are becoming overcrowded, rents are skyrocketing, and pollution is reaching alarming levels. And then, what happens to the countryside? Entire areas are being abandoned, creating new problems.

Tom : C'est vrai que la densité urbaine pose des défis, mais elle présente aussi des avantages. En concentrant la population dans des zones plus petites, on utilise moins de terres, et ça peut être bénéfique pour l'environnement si c'est bien géré. Des villes compactes, avec des transports publics efficaces, peuvent réduire l'empreinte carbone par habitant.

Tom: It's true that urban density poses challenges, but it also has advantages. By concentrating the population in smaller areas, we use less land, and this can be beneficial for the environment if managed well. Compact cities with efficient public transport can reduce the carbon footprint per capita.

Clara : Ça, c'est en théorie. En pratique, beaucoup de grandes villes ne sont pas bien préparées pour faire face à cette croissance. Les infrastructures sont souvent insuffisantes, ce qui mène à des embouteillages interminables, à une pollution de l'air terrible, et à une qualité de vie qui se dégrade. Regarde des villes comme New Delhi ou Lagos, ce sont des cauchemars écologiques.

Clara: That's in theory. In practice, many large cities aren't well prepared to handle this growth. Infrastructure is often insufficient, leading to endless traffic jams, terrible air pollution, and a declining quality of life. Look at cities like New Delhi or Lagos; they're ecological nightmares.

Tom : Je suis d'accord, mais c'est justement là où il faut investir dans des villes durables. Les technologies intelligentes, les énergies renouvelables, et une meilleure planification urbaine peuvent résoudre une grande partie de ces problèmes. On ne peut pas arrêter l'urbanisation, mais on peut la rendre plus soutenable.

Tom: I agree, but that's exactly why we need to invest in sustainable cities. Smart technologies, renewable energy, and better urban planning can solve many of these problems. We can't stop urbanisation, but we can make it more sustainable.

Clara : Oui, mais le problème, c'est que tout le monde ne bénéficie pas de cette vision utopique. Les plus riches profitent de villes modernes et écologiques, tandis que les pauvres sont relégués à des banlieues dégradées sans accès à des services de base. L'urbanisation aggrave aussi les inégalités sociales.

Clara: Yes, but the problem is that not everyone benefits from this utopian vision. The wealthy enjoy modern, eco-friendly cities, while the poor are pushed into degraded suburbs without access to basic services. Urbanisation also worsens social inequalities.

Tom : C'est un vrai défi. Mais l'urbanisation crée aussi des emplois, notamment dans le secteur du bâtiment et des services. Même si la vie urbaine est difficile pour certaines populations, elle offre des opportunités qu'ils n'auraient pas à la campagne. C'est aussi pour cela que les gens continuent de venir en ville.

Tom: That's a real challenge. But urbanisation also creates jobs, especially in construction and services. Even though urban life is hard for some, it offers opportunities they wouldn't have in the countryside. That's also why people keep moving to cities.

Clara : Mais est-ce vraiment un choix ? Souvent, les gens quittent la campagne parce qu'ils n'ont pas d'autre option. L'agriculture devient de plus en plus difficile avec les changements climatiques, et les gouvernements investissent moins dans les zones rurales. L'urbanisation n'est pas seulement une question d'opportunités, c'est aussi une question de survie.

Clara: But is it really a choice? Often, people leave the countryside because they have no other option. Farming is becoming harder with climate change, and governments are investing less in rural areas. Urbanisation isn't just about opportunities, it's also about survival.

Tom : Je suis d'accord que l'exode rural est en partie forcé, mais je pense qu'il y a aussi une attirance naturelle pour la ville. Les jeunes, notamment, veulent des emplois modernes, l'accès à la culture, à la technologie, et au mode de vie urbain. La ville, c'est là où se trouvent les innovations, les nouvelles idées.

Tom: I agree that rural exodus is partly forced, but I think there's also a natural attraction to the city. Young people, especially, want modern jobs, access to culture, technology, and the urban lifestyle. The city is where you find innovation, new ideas.

Clara : Oui, mais tout ça a un prix. La ville peut être aliénante, stressante, et déshumanisante. On perd le lien avec la nature, et la vie y devient plus individualiste. À la campagne, il y a une communauté, un mode de vie plus simple et souvent plus sain. C'est dommage qu'on abandonne tout ça.

Clara: Yes, but all that comes at a price. City life can be alienating, stressful, and dehumanising. You lose the connection with nature, and life becomes more individualistic. In the countryside, there's community, a simpler and often healthier way of life. It's a shame we're abandoning all that.

Tom : C'est vrai que la vie urbaine peut être difficile, mais on ne peut pas non plus idéaliser la campagne. La réalité, c'est que beaucoup de gens préfèrent la ville parce qu'elle offre plus de possibilités. Ce qu'il faut, c'est trouver un moyen de rendre les villes plus vivables, tout en investissant dans les zones rurales pour qu'elles ne soient pas laissées pour compte.

Tom: It's true that urban life can be hard, but we also can't idealise the countryside. The reality is that many people prefer the city because it offers more opportunities. What we need is to make cities more liveable while investing in rural areas so they aren't left behind.

Clara : Peut-être, mais je pense qu'il est important de ralentir ce phénomène d'urbanisation incontrôlée. On pourrait envisager de créer des politiques pour encourager les gens à rester à la campagne, avec des incitations économiques ou un meilleur soutien à l'agriculture durable. Sinon, on risque de détruire l'équilibre entre les zones urbaines et rurales.

Clara: Maybe, but I think it's important to slow down this uncontrolled urbanisation. We could consider policies to encourage people to stay in the countryside, with economic incentives or better support for sustainable agriculture. Otherwise, we risk destroying the balance between urban and rural areas.

Tom : C'est une bonne idée, mais je crois que l'urbanisation est une force trop puissante pour être freinée. Ce qu'on peut faire, c'est s'assurer que le développement urbain soit bien planifié et qu'il profite à tout le monde, pas seulement à une élite.

Tom: That's a good idea, but I think urbanisation is too powerful a force to be slowed down. What we can do is ensure that urban development is well planned and benefits everyone, not just an elite.

Clara : Peut-être, mais j'ai peur qu'en ne prenant pas le temps de vraiment réfléchir à l'impact global de cette urbanisation galopante, on se dirige vers un avenir où les villes deviendront invivables. Il nous faut une approche plus équilibrée et durable, à la fois pour les villes et pour la campagne.

Clara: Maybe, but I'm afraid that by not taking the time to really think about the global impact of this rapid urbanisation, we're heading towards a future where cities will become unliveable. We need a more balanced and sustainable approach, for both cities and the countryside.

Crise des réfugiés

Lisa : J'ai l'impression que la crise des réfugiés devient de plus en plus complexe, et je ne sais même plus quoi en penser. D'un côté, je comprends que les gens fuient la guerre et la misère, mais d'un autre, je me demande si on peut vraiment accueillir tout le monde, tu ne crois pas, Markus ?

Lisa: I feel like the refugee crisis is becoming more and more complex, and I don't even know what to think anymore. On one hand, I understand that people are fleeing war and poverty, but on the other, I wonder if we can really welcome everyone, don't you think, Markus?

Markus : C'est vrai que la situation est difficile, mais je pense qu'on a une responsabilité morale d'aider ceux qui fuient des situations de vie ou de mort. Personne ne quitte son pays par plaisir. Ils fuient la guerre, la violence, et la persécution. Les pays riches ont les moyens d'accueillir plus de réfugiés, on ne peut pas les laisser mourir à nos frontières.

Markus: It's true that the situation is tough, but I think we have a moral responsibility to help those fleeing life-or-death situations. No one leaves their country for fun. They are fleeing war, violence, and persecution. Wealthy countries have the means to welcome more refugees; we can't let them die at our borders.

Lisa : Je suis d'accord qu'on ne peut pas les laisser mourir, mais est-ce vraiment réaliste d'accueillir autant de personnes ? Les infrastructures ne suivent pas toujours, et il y a de vrais problèmes d'intégration. Dans certaines villes, on voit déjà des tensions sociales augmenter à cause de la forte immigration.

Lisa: I agree that we can't let them die, but is it really realistic to welcome so many people? Infrastructure doesn't always keep up, and there are real issues with integration. In some cities, we're already seeing social tensions rise due to high immigration.

Markus : Mais ces tensions viennent souvent de la peur et de la désinformation. Les réfugiés ne viennent pas pour prendre nos emplois ou profiter du système. Ils cherchent juste à survivre. Si on investissait davantage dans l'intégration et l'éducation, je suis sûr que ça se passerait beaucoup mieux. Après tout, beaucoup de pays ont une longue histoire d'immigration et ont su en tirer parti.

Markus: But these tensions often stem from fear and misinformation. Refugees aren't coming to take our jobs or exploit the system. They're just trying to survive. If we invested more in integration and education, I'm sure things would go much more smoothly. After all, many countries have a long history of immigration and have benefitted from it.

Lisa : Peut-être, mais c'est aussi une question de capacité. On ne peut pas ignorer les préoccupations des citoyens. Certains se sentent délaissés, pensent que les ressources vont prioritairement aux réfugiés alors qu'eux-mêmes sont dans une situation précaire. Ce ressentiment, même s'il est parfois exagéré, ne peut pas être simplement ignoré.

Lisa: Maybe, but it's also a question of capacity. We can't ignore citizens' concerns. Some feel neglected and think resources are going primarily to refugees while they themselves are struggling. That resentment, even if it's sometimes exaggerated, can't just be ignored.

Markus : C'est vrai que ce ressenti existe, mais ce n'est pas une raison pour fermer nos frontières. On peut à la fois s'occuper de nos propres citoyens et accueillir des réfugiés. Le problème, c'est souvent la mauvaise gestion des ressources, pas les réfugiés eux-mêmes. Si les gouvernements faisaient mieux leur travail, il n'y aurait pas cette concurrence perçue entre les populations locales et les réfugiés.

Markus: It's true that feeling exists, but it's not a reason to close our borders. We can take care of our own citizens while welcoming refugees. The problem is often poor resource management, not the refugees themselves. If governments did a better job, there wouldn't be this perceived competition between local populations and refugees.

Lisa : Mais il y a aussi la question de la culture. Certains disent que l'arrivée massive de réfugiés change l'identité nationale, et que ça crée des divisions au sein de la société. Est-ce que tu penses que c'est juste une excuse, ou est-ce qu'il y a un fond de vérité ?

Lisa: But there's also the cultural issue. Some say that the massive arrival of refugees is changing the national identity, and that it's creating divisions within society. Do you think that's just an excuse, or is there some truth to it?

Markus : Honnêtement, je pense que c'est surtout une peur irrationnelle. Chaque génération a dit la même chose à propos des immigrants, et pourtant, les sociétés évoluent et s'enrichissent de ces apports culturels. Le mélange des cultures a toujours existé, et c'est ce qui rend une société dynamique. Fermer les frontières par peur du changement, c'est se condamner à stagner.

Markus: Honestly, I think it's mostly an irrational fear. Every generation has said the same thing about immigrants, yet societies evolve and are enriched by cultural contributions. The mixing of cultures has always existed, and it's what makes a society dynamic. Closing borders out of fear of change is condemning ourselves to stagnation.

Lisa : Mais certains réfugiés viennent de cultures très différentes, où les valeurs, les lois, et les traditions sont en opposition avec les nôtres. Est-ce qu'on ne risque pas de créer des communautés parallèles qui ne s'intègrent jamais vraiment ?

Lisa: But some refugees come from very different cultures, where values, laws, and traditions are in opposition to ours. Aren't we at risk of creating parallel communities that never truly integrate?

Markus : Ça peut arriver, mais c'est encore une question d'intégration. Si on offre aux réfugiés les moyens de s'intégrer, avec l'accès à l'éducation, à l'emploi, et à la langue, ils peuvent devenir une partie active de la société. Ce n'est pas leur culture qui est le problème, c'est le manque d'opportunités qu'on leur donne pour participer pleinement à la vie de leur pays d'accueil.

Markus: That can happen, but again, it's a question of integration. If we give refugees the means to integrate, with access to education, employment, and language, they can become an active part of society. It's not their culture that's the problem; it's the lack of opportunities we give them to fully participate in the life of their host country.

Lisa : C'est vrai, mais il y a aussi la question des réfugiés économiques, ceux qui ne fuient pas la guerre, mais viennent chercher une vie meilleure. Est-ce qu'on peut vraiment les accueillir tous, sachant que nos ressources sont limitées ?

Lisa: That's true, but there's also the issue of economic refugees, those who aren't fleeing war but are coming to seek a better life. Can we really welcome them all, knowing that our resources are limited?

Markus : C'est une distinction difficile à faire. Beaucoup de gens fuient la pauvreté extrême, qui peut être aussi destructrice que la guerre. Et puis, qui sommes-nous pour dire que certains souffrent plus que d'autres ? Bien sûr, on ne peut pas accueillir tout le monde, mais on peut certainement faire plus pour aider les plus vulnérables. C'est une question de solidarité humaine.

Markus: That's a tough distinction to make. Many people flee extreme poverty, which can be just as destructive as war. And who are we to say some people suffer more than others? Of course, we can't welcome everyone, but we can certainly do more to help the most vulnerable. It's a matter of human solidarity.

Lisa : Oui, mais je crois qu'on a besoin de solutions plus globales. Accueillir des réfugiés, c'est bien, mais il faut aussi s'attaquer aux causes profondes des migrations : les guerres, les régimes corrompus, et les inégalités économiques mondiales. Sinon, ce problème ne fera que s'aggraver.

Lisa: Yes, but I think we need more global solutions. Welcoming refugees is good, but we also need to address the root causes of migration: wars, corrupt regimes, and global economic inequalities. Otherwise, this problem will only get worse.

Markus : Tu as raison, il faut s'attaquer aux racines du problème, mais ça prendra du temps. En attendant, on ne peut pas tourner le dos à ceux qui ont besoin d'aide immédiate. C'est une question d'humanité.

Markus: You're right, we need to tackle the root of the problem, but that will take time. In the meantime, we can't turn our backs on those who need immediate help. It's a matter of humanity.

Génie génétique

Laura : Je trouve que le génie génétique est un sujet vraiment fascinant, mais aussi terrifiant. D'un côté, il y a tellement de potentiel pour guérir des maladies, mais de l'autre, je me demande si on ne joue pas trop avec la nature. Qu'est-ce que tu en penses, Michael ?

Laura: I find genetic engineering a truly fascinating but also terrifying subject. On one hand, there's so much potential to cure diseases, but on the other, I wonder if we're playing too much with nature. What do you think, Michael?

Michael : C'est vrai que la technologie est impressionnante. Avec des avancées comme CRISPR, on peut modifier l'ADN de manière précise et rapide. C'est une révolution pour la médecine. Imagine, on pourrait éradiquer des maladies génétiques comme la mucoviscidose ou même prévenir certains cancers avant qu'ils n'apparaissent.

Michael: It's true, the technology is impressive. With advances like CRISPR, we can modify DNA in a precise and rapid way. It's a revolution for medicine. Imagine, we could eradicate genetic diseases like cystic fibrosis or even prevent certain cancers before they appear.

Laura : Oui, mais est-ce que c'est éthique ? Qui décide de ce qu'on peut changer ou non dans l'ADN humain ? Aujourd'hui, c'est pour les maladies, mais demain, qu'est-ce qui nous empêche de créer des "bébés sur mesure", avec des traits choisis comme la couleur des yeux, la taille, ou même l'intelligence ?

Laura: Yes, but is it ethical? Who decides what we can or cannot change in human DNA? Today, it's for diseases, but tomorrow, what's stopping us from creating "designer babies" with chosen traits like eye colour, height, or even intelligence?

Michael : C'est une crainte légitime, mais il y a déjà des régulations en place dans la plupart des pays pour empêcher ce genre de dérives. La communauté scientifique est consciente des risques éthiques, et il y a des débats constants pour encadrer ces technologies. On peut utiliser le génie génétique de manière responsable sans tomber dans la science-fiction dystopique.

Michael: That's a legitimate fear, but there are already regulations in place in most countries to prevent these kinds of excesses. The scientific community is aware of the ethical risks, and there are ongoing debates to frame these technologies. We can use genetic engineering responsibly without falling into dystopian science fiction.

Laura : Mais les régulations ne sont pas les mêmes partout. Dans certains pays, la recherche avance beaucoup plus vite que la législation. Il suffit qu'un scientifique décide de franchir la ligne pour que tout change. Regarde ce qui s'est passé en Chine avec les bébés génétiquement modifiés. C'est arrivé beaucoup plus tôt qu'on ne l'imaginait.

Laura: But regulations aren't the same everywhere. In some countries, research is moving much faster than legislation. All it takes is for one scientist to cross the line and everything changes. Look at what happened in China with the genetically modified babies. It happened much sooner than anyone imagined.

Michael : C'est vrai que ce cas a fait beaucoup de bruit, et c'était clairement un abus. Mais ça montre aussi que la communauté internationale est vigilante. Le scientifique responsable a été condamné, et ça a renforcé les appels à des régulations plus strictes. Je pense qu'on apprend de ces erreurs.

Michael: It's true that case caused a lot of uproar, and it was clearly an abuse. But it also shows that the international community is vigilant. The responsible scientist was punished, and it has strengthened calls for stricter regulations. I think we learn from these mistakes.

Laura : Peut-être, mais il y a aussi la question de l'impact sur l'environnement. Les OGM, par exemple, ont été vendus comme une solution pour l'agriculture, mais on ne connaît toujours pas tous les effets à long terme. Certaines espèces modifiées pourraient bouleverser des écosystèmes entiers. Est-ce qu'on est prêt à prendre ce risque ?

Laura: Maybe, but there's also the environmental impact. GMOs, for example, were sold as a solution for agriculture, but we still don't know all the long-term effects. Some modified species could disrupt entire ecosystems. Are we ready to take that risk?

Michael : Je pense que les OGM ont souvent été diabolisés à tort. Beaucoup d'études montrent qu'ils sont sûrs, et ils ont le potentiel d'augmenter les rendements agricoles, de lutter contre la faim, et de réduire l'usage des pesticides. Mais je suis d'accord qu'il faut continuer à surveiller de près leurs effets sur l'environnement. On ne peut pas être complaisants.

Michael: I think GMOs have often been unfairly demonised. Many studies show they are safe, and they have the potential to increase agricultural yields, combat hunger, and reduce pesticide use. But I agree that we need to closely monitor their environmental impact. We can't be complacent.

Laura : Le problème, c'est qu'on avance souvent trop vite sans vraiment comprendre les conséquences à long terme. La nature est complexe, et chaque modification peut avoir des effets imprévus. On ne peut pas tout contrôler.

Laura: The problem is we often move too fast without truly understanding the long-term consequences. Nature is complex, and every modification can have unforeseen effects. We can't control everything.

Michael : C'est vrai, mais l'innovation comporte toujours des risques. Ce qu'il nous faut, c'est un cadre éthique solide et des régulations strictes pour minimiser ces risques. On ne peut pas arrêter le progrès scientifique, mais on peut le guider de manière responsable.

Michael: That's true, but innovation always comes with risks. What we need is a solid ethical framework and strict regulations to minimise those risks. We can't stop scientific progress, but we can guide it responsibly.

Laura : Je suis d'accord sur le fait qu'on ne peut pas arrêter le progrès, mais je crois qu'il y a des limites qu'on ne devrait pas franchir. Modifier l'ADN humain, par exemple, c'est ouvrir une boîte de Pandore. Même si c'est pour des raisons médicales aujourd'hui, qui sait ce que l'avenir nous réserve ?

Laura: I agree that we can't stop progress, but I believe there are limits we shouldn't cross. Modifying human DNA, for example, is opening a Pandora's box. Even if it's for medical reasons today, who knows what the future holds?

Michael : C'est un débat philosophique, en fait. Où trace-t-on la ligne entre ce qui est acceptable et ce qui ne l'est pas ? Pour moi, si on peut soulager des souffrances humaines, alors on devrait utiliser ces technologies. Mais je comprends tes inquiétudes. C'est pour ça que la recherche doit toujours être accompagnée de discussions éthiques.

Michael: It's really a philosophical debate. Where do we draw the line between what's acceptable and what's not? For me, if we can relieve human suffering, then we should use these technologies. But I understand your concerns. That's why research must always be accompanied by ethical discussions.

Laura : Et que penses-tu du génie génétique appliqué aux animaux ou aux plantes ? Modifier des espèces pour qu'elles soient plus productives ou résistantes, ça peut paraître utile, mais est-ce qu'on ne risque pas de perdre la diversité biologique au passage ?

Laura: And what do you think about genetic engineering applied to animals or plants? Modifying species to make them more productive or resistant might seem useful, but aren't we at risk of losing biological diversity along the way?

Michael : C'est un risque, mais le génie génétique peut aussi aider à préserver certaines espèces en danger. Par exemple, on pourrait rendre des plantes plus résistantes aux maladies ou aux conditions climatiques extrêmes, ce qui pourrait sauver des récoltes dans des régions touchées par le changement climatique. Encore une fois, tout dépend de l'usage qu'on en fait.

Michael: It's a risk, but genetic engineering can also help preserve endangered species. For example, we could make plants more resistant to diseases or extreme weather conditions, which could save crops in regions affected by climate change. Again, it all depends on how we use it.

Laura : Oui, mais ce qu'on voit souvent, c'est que ces technologies profitent surtout aux grandes entreprises, pas aux petits agriculteurs. Les brevets sur les semences génétiquement modifiées créent une dépendance économique, et c'est un vrai problème pour les pays en développement.

Laura: Yes, but what we often see is that these technologies mostly benefit big companies, not small farmers. Patents on genetically modified seeds create economic dependence, and that's a real issue for developing countries.

Michael : C'est un problème de politique, pas de science. Le génie génétique en lui-même n'est ni bon ni mauvais. C'est l'utilisation qu'on en fait qui pose question. C'est pour ça qu'il est essentiel d'avoir des régulations claires et de s'assurer que ces technologies profitent à tout le monde, pas seulement à quelques multinationales.

Michael: That's a political problem, not a scientific one. Genetic engineering itself is neither good nor bad. It's how we use it that raises questions. That's why it's essential to have clear regulations and ensure these technologies benefit everyone, not just a few multinationals.

Laura : Je pense que c'est là le cœur du débat. La science avance à une vitesse folle, et souvent, la société ne suit pas. On doit prendre le temps de réfléchir aux conséquences, pas seulement aux avantages.

Laura: I think that's the heart of the debate. Science is advancing at a crazy pace, and often society doesn't keep up. We need to take the time to consider the consequences, not just the benefits.

Euthanasie

Emma : L'euthanasie est un sujet tellement délicat. D'un côté, je pense que les gens devraient avoir le droit de choisir de mourir s'ils souffrent trop, mais d'un autre côté, ça me met mal à l'aise de penser qu'on pourrait légaliser ça. Qu'est-ce que tu en penses, Lukas ?

Emma: Euthanasia is such a delicate subject. On one hand, I think people should have the right to choose to die if they're suffering too much, but on the other hand, it makes me uncomfortable to think about legalising it. What do you think, Lukas?

Lukas : Je suis d'accord que c'est un sujet difficile, mais je pense que si quelqu'un souffre énormément, sans espoir de guérison, il devrait avoir le droit de mettre fin à ses souffrances. C'est une question de dignité et de respect pour les choix individuels.

Lukas: I agree it's a difficult subject, but I think if someone is suffering immensely, with no hope of recovery, they should have the right to end their suffering. It's a matter of dignity and respect for individual choices.

Emma : Mais est-ce qu'on peut vraiment faire confiance à ce genre de décision ? Il y a tellement de facteurs émotionnels et psychologiques à prendre en compte. Une personne peut être déprimée ou influencée par la douleur et prendre une décision qu'elle ne prendrait pas autrement.

Emma: But can we really trust that kind of decision? There are so many emotional and psychological factors to consider. Someone might be depressed or influenced by pain and make a decision they wouldn't otherwise.

Lukas : C'est vrai que c'est un risque, mais c'est pour ça que dans les pays où l'euthanasie est légale, il y a des processus stricts à suivre. Il y a des évaluations médicales et psychologiques pour s'assurer que la personne est dans un état mental stable et que la décision est bien réfléchie. Ce n'est pas une décision prise à la légère.

Lukas: It's true that it's a risk, but that's why in countries where euthanasia is legal, there are strict procedures in place. There are medical and psychological assessments to ensure the person is in a stable mental state and that the decision is well thought out. It's not a decision taken lightly.

Emma : Oui, mais ça n'enlève pas l'idée que la société pourrait exercer une pression subtile sur les personnes âgées ou malades pour qu'elles choisissent l'euthanasie, pour ne pas être un "fardeau". Est-ce qu'on ne risque pas de créer une culture où la mort devient une solution facile ?

Emma: Yes, but it doesn't take away the idea that society could subtly pressure elderly or sick people to choose euthanasia so they're not a "burden." Aren't we at risk of creating a culture where death becomes an easy solution?

Lukas : Je comprends cette crainte, mais il faut aussi faire confiance aux individus. Si quelqu'un veut vraiment en finir avec une vie de souffrance, on devrait respecter sa volonté. Forcer quelqu'un à continuer à vivre dans la douleur, c'est aussi cruel. L'euthanasie, c'est avant tout un acte de compassion.

Lukas: I understand that fear, but we also need to trust individuals. If someone truly wants to end a life of suffering, we should respect their will. Forcing someone to continue living in pain is also cruel. Euthanasia is, above all, an act of compassion.

Emma : Je suis d'accord que la compassion est importante, mais où trace-t-on la ligne ? Aujourd'hui, on parle d'euthanasie pour des malades en phase terminale, mais qu'en est-il des personnes souffrant de dépression chronique ou d'autres maladies non mortelles mais extrêmement douloureuses ? Est-ce qu'on devrait élargir la possibilité à ces cas aussi ?

Emma: I agree that compassion is important, but where do we draw the line? Today, we talk about euthanasia for terminally ill patients, but what about people suffering from chronic depression or other non-fatal but extremely painful conditions? Should we extend the option to those cases as well?

Lukas : C'est là que ça devient compliqué, c'est sûr. Je pense que chaque cas doit être évalué individuellement, avec des médecins, des psychologues, et la famille. Il n'y a pas de solution unique, mais je crois que dans certains cas de souffrance psychologique intense, l'euthanasie pourrait aussi être une option.

Lukas: That's where it gets complicated, for sure. I think each case needs to be evaluated individually, with doctors, psychologists, and the family. There's no one-size-fits-all solution, but I do believe that in some cases of intense psychological suffering, euthanasia could also be an option.

Emma : Mais la souffrance psychologique n'est-elle pas différente de la souffrance physique ? Beaucoup de gens qui traversent des périodes terribles finissent par aller mieux avec du temps et de l'aide. Si on permet l'euthanasie dans ces cas, on risque de supprimer des vies qui auraient pu s'améliorer.

Emma: But isn't psychological suffering different from physical suffering? Many people who go through terrible periods eventually get better with time and help. If we allow euthanasia in these cases, we risk ending lives that could have improved.

Lukas : C'est un risque, oui. Mais on ne peut pas généraliser. Certaines souffrances psychologiques sont aussi intolérables que les douleurs physiques. Ce qu'il faut, c'est des critères clairs et une vraie réflexion éthique pour encadrer l'euthanasie. Le but n'est pas de promouvoir la mort, mais d'offrir une option quand la vie devient insupportable.

Lukas: That's a risk, yes. But we can't generalise. Some psychological suffering is as intolerable as physical pain. What we need are clear criteria and real ethical reflection to frame euthanasia. The goal isn't to promote death, but to offer an option when life becomes unbearable.

Emma : Je vois ce que tu veux dire, mais j'ai toujours cette peur que la société perde de vue la valeur de la vie. Dans certaines cultures, la vie est sacrée, peu importe les conditions. Si on commence à légitimer la mort comme une solution, est-ce qu'on ne risque pas de diminuer la valeur de la vie humaine ?

Emma: I see what you mean, but I still have this fear that society will lose sight of the value of life. In some cultures, life is sacred, no matter the conditions. If we start legitimising death as a solution, don't we risk diminishing the value of human life?

Lukas : C'est une question philosophique, et je comprends ton point de vue. Mais pour moi, la vraie valeur de la vie réside dans la qualité de cette vie. Forcer quelqu'un à vivre dans des conditions insupportables, ce n'est pas valoriser la vie, c'est prolonger la souffrance inutilement. L'euthanasie, c'est aussi reconnaître que la dignité est une partie essentielle de la vie.

Lukas: That's a philosophical question, and I understand your point of view. But for me, the real value of life lies in its quality. Forcing someone to live in unbearable conditions isn't valuing life, it's prolonging unnecessary suffering. Euthanasia is also about recognising that dignity is an essential part of life.

Emma : Peut-être, mais je pense que la priorité devrait toujours être de trouver des solutions pour améliorer la vie plutôt que d'offrir la mort comme une option. Investir davantage dans les soins palliatifs, la thérapie de la douleur, et le soutien psychologique pourrait réduire le besoin de recourir à l'euthanasie.

Emma: Maybe, but I think the priority should always be to find solutions to improve life rather than offering death as an option. Investing more in palliative care, pain therapy, and psychological support could reduce the need for euthanasia.

Lukas : Je suis entièrement d'accord. L'euthanasie ne devrait jamais être la première option. Mais dans certains cas extrêmes, quand tout a échoué et que la souffrance est insurmontable, elle devrait être une option disponible. Il s'agit de laisser les gens choisir la fin de leur propre histoire.

Lukas: I completely agree. Euthanasia should never be the first option. But in extreme cases, when everything has failed and the suffering is unbearable, it should be an available option. It's about letting people choose the end of their own story.

Emma : Oui, c'est là que je suis partagée. Je crois que les gens devraient avoir le droit de décider de leur propre vie, mais en même temps, j'ai peur que cela ouvre des portes qu'on ne pourra plus refermer. C'est un terrain glissant.

Emma: Yes, that's where I'm torn. I believe people should have the right to decide about their own life, but at the same time, I'm afraid it will open doors we can never close again. It's a slippery slope.

Lukas : C'est pour ça qu'on doit continuer à en discuter, à poser des limites claires et à aborder le sujet avec la plus grande sensibilité. L'euthanasie ne sera jamais une solution simple, mais c'est une question que nous devons affronter avec humanité et responsabilité.

Lukas: That's why we need to keep discussing it, set clear limits, and approach the topic with the utmost sensitivity. Euthanasia will never be a simple solution, but it's a question we must face with humanity and responsibility.

Revenu de base inconditionnel

Anna : Le revenu de base inconditionnel me semble être une solution idéale pour combattre la pauvreté et l'inégalité. Chaque citoyen recevrait une somme d'argent sans condition, ce qui lui permettrait de couvrir ses besoins de base. Qu'est-ce que tu en penses, Stefan ?

Anna: Universal basic income seems like the perfect solution to fight poverty and inequality. Every citizen would receive a sum of money without any conditions, allowing them to cover their basic needs. What do you think, Stefan?

Stefan : Je comprends l'idée, mais je suis sceptique. Si tout le monde reçoit de l'argent sans avoir à travailler, qu'est-ce qui va motiver les gens à contribuer à la société ? Je pense que ça pourrait réduire l'incitation à travailler et créer une dépendance au système.

Stefan: I understand the idea, but I'm sceptical. If everyone receives money without having to work, what will motivate people to contribute to society? I think it could reduce the incentive to work and create a dependency on the system.

Anna : Je ne pense pas. En fait, avec un revenu de base, les gens auraient plus de liberté de choisir un travail qui leur plaît vraiment, plutôt que de se contenter d'un emploi mal payé juste pour survivre. Ils seraient plus motivés à innover ou à se former pour des métiers plus intéressants.

Anna: I don't think so. In fact, with a basic income, people would have more freedom to choose a job they truly enjoy, rather than settling for poorly paid work just to survive. They'd be more motivated to innovate or train for more interesting careers.

Stefan : Peut-être pour certains, mais beaucoup de gens pourraient simplement décider de ne pas travailler du tout. Et qui paierait pour tout ça ? Un revenu de base pour tout le monde coûterait des milliards. Les impôts devraient augmenter de manière significative, et je ne suis pas sûr que la société soit prête à accepter ça.

Stefan: Maybe for some, but many people might simply decide not to work at all. And who would pay for all this? A basic income for everyone would cost billions. Taxes would have to increase significantly, and I'm not sure society is ready to accept that.

Anna : C'est vrai que ça coûterait cher, mais on pourrait remplacer certaines aides sociales par le revenu de base, ce qui simplifierait le système. De plus, avec la robotisation et l'automatisation qui progressent, beaucoup d'emplois disparaîtront. Le revenu de base pourrait être une solution à long terme pour éviter une crise sociale.

Anna: It's true that it would be expensive, but we could replace some social benefits with basic income, simplifying the system. Plus, with automation and robotics advancing, many jobs will disappear. Basic income could be a long-term solution to avoid a social crisis.

Stefan : C'est possible, mais est-ce qu'on ne devrait pas plutôt investir dans la création de nouveaux emplois ? Le revenu de base ne résout pas le problème du chômage, il le masque simplement. Si les gens reçoivent de l'argent sans travailler, ils risquent de se sentir inutiles à long terme.

Stefan: That's possible, but shouldn't we invest in creating new jobs instead? Basic income doesn't solve the problem of unemployment; it just masks it. If people receive money without working, they might feel useless in the long run.

Anna : Mais ce n'est pas une question d'être inutile. Il y a tellement de choses utiles que les gens pourraient faire s'ils avaient plus de temps et moins de pression financière. S'engager dans des projets sociaux, faire du bénévolat, s'occuper de leur famille... Le travail rémunéré ne devrait pas être le seul critère de valeur dans une société.

Anna: But it's not about being useless. There are so many useful things people could do if they had more time and less financial pressure. They could engage in social projects, volunteer, take care of their family… Paid work shouldn't be the only measure of value in society.

Stefan : Je suis d'accord qu'il y a d'autres formes de contribution à la société, mais je crains que certaines personnes profitent du système. Ceux qui veulent travailler devront payer pour ceux qui ne veulent pas, et cela pourrait créer des tensions sociales.

Stefan: I agree that there are other forms of contributing to society, but I worry that some people will take advantage of the system. Those who want to work will have to pay for those who don't, and that could create social tensions.

Anna : Mais est-ce vraiment différent de ce qui se passe déjà ? Les impôts financent déjà les aides sociales, et il y a toujours eu des gens qui profitent du système. Le revenu de base rendrait simplement ces aides plus équitables et accessibles à tout le monde, sans stigmatisation.

Anna: But is that really different from what's already happening? Taxes already fund social benefits, and there have always been people who take advantage of the system. Basic income would just make these benefits more equitable and accessible to everyone, without stigma.

Stefan : C'est vrai que ça pourrait éliminer la bureaucratie liée aux aides sociales, mais je ne suis pas convaincu que ce soit la meilleure solution. Peut-être qu'on devrait d'abord tester l'idée à petite échelle pour voir les effets réels avant de l'appliquer à tout un pays.

Stefan: It's true that it could eliminate the bureaucracy tied to social benefits, but I'm not convinced it's the best solution. Maybe we should first test the idea on a small scale to see the real effects before applying it to an entire country.

Anna : C'est une bonne idée. Des tests ont déjà été faits dans certains pays, et les résultats sont plutôt positifs. Les gens ne cessent pas de travailler, mais ils se sentent plus en sécurité et ont moins de stress financier. Je pense qu'on sous-estime les bienfaits que cela pourrait apporter à la société.

Anna: That's a good idea. Tests have already been done in some countries, and the results are quite positive. People don't stop working, but they feel more secure and have less financial stress. I think we underestimate the benefits this could bring to society.

Stefan : Je suis ouvert à l'idée de tester le revenu de base, mais je crois qu'on doit être prudents. Les défis économiques sont immenses, et je ne suis pas sûr que ce modèle soit soutenable à long terme. Il faut d'abord résoudre les questions de financement et d'équité.

Stefan: I'm open to the idea of testing basic income, but I think we need to be cautious. The economic challenges are huge, and I'm not sure this model is sustainable in the long run. We need to first solve the issues of funding and fairness.

Anna : Je suis d'accord qu'il y a encore beaucoup de questions à résoudre, mais je crois vraiment que le revenu de base pourrait être un pas vers une société plus juste et plus solidaire. C'est une idée qui mérite d'être sérieusement envisagée.

Anna: I agree that there are still many questions to answer, but I truly believe that basic income could be a step towards a fairer and more supportive society. It's an idea that deserves serious consideration.

Gentrification

Sophie : La gentrification semble être un problème croissant dans toutes les grandes villes. Les quartiers populaires deviennent à la mode, les prix flambent, et les habitants historiques sont chassés. Je trouve ça injuste. Qu'est-ce que tu en penses, Max ?

Sophie: Gentrification seems to be a growing problem in all major cities. Popular neighbourhoods become trendy, prices skyrocket, and long-time residents are pushed out. I find it unfair. What do you think, Max?

Max : Je comprends ce que tu veux dire, mais d'un autre côté, la gentrification apporte aussi des améliorations. Ces quartiers deviennent plus sûrs, les infrastructures sont modernisées, et il y a plus de commerces et d'opportunités économiques. C'est un développement naturel.

Max: I understand what you mean, but on the other hand, gentrification also brings improvements. These neighbourhoods become safer, infrastructures are modernised, and there are more businesses and economic opportunities. It's a natural development.

Sophie : Oui, mais à quel prix ? Les gens qui y vivaient depuis des décennies ne peuvent plus se permettre de rester. Les loyers augmentent tellement que seules les classes moyennes et supérieures peuvent se le permettre. Ça détruit le tissu social des quartiers.

Sophie: Yes, but at what cost? The people who've lived there for decades can no longer afford to stay. Rents increase so much that only the middle and upper classes can afford it. It destroys the social fabric of the neighbourhoods.

Max : C'est vrai que les loyers augmentent, mais c'est aussi une conséquence de la demande. Si un quartier devient plus attractif, c'est normal que les prix montent. Et puis, beaucoup de ces quartiers étaient laissés à l'abandon avant la gentrification. Sans ce phénomène, ils continueraient à se dégrader.

Max: It's true that rents increase, but that's also a consequence of demand. If a neighbourhood becomes more attractive, it's natural for prices to rise. Besides, many of these areas were neglected before gentrification. Without it, they would have continued to deteriorate.

Sophie : Mais les améliorations ne devraient pas se faire au détriment des habitants d'origine. C'est eux qui ont donné l'âme à ces quartiers. Une fois qu'ils partent, les quartiers perdent leur authenticité et deviennent des lieux standardisés, aseptisés, remplis de cafés branchés et de boutiques de luxe.

Sophie: But the improvements shouldn't come at the expense of the original residents. They're the ones who gave these neighbourhoods their soul. Once they leave, the areas lose their authenticity and become standardised, sterilised places filled with trendy cafés and luxury shops.

Max : Je vois ce que tu veux dire, mais c'est aussi une question d'évolution. Les villes changent, les populations se déplacent, c'est inévitable. On ne peut pas figer un quartier dans le temps juste pour préserver son "authenticité". Il faut aussi accepter que les villes grandissent et se transforment.

Max: I see what you mean, but it's also a question of evolution. Cities change, populations move, it's inevitable. We can't freeze a neighbourhood in time just to preserve its "authenticity." We also need to accept that cities grow and transform.

Sophie : D'accord, mais je pense qu'on pourrait trouver un équilibre. Il faudrait mettre en place des mesures pour protéger les habitants d'origine, comme des contrôles des loyers ou des politiques de logement social. Sinon, on risque de créer des villes où seuls les riches peuvent vivre, et où les inégalités se creusent encore plus.

Sophie: Okay, but I think we could find a balance. We should put measures in place to protect the original residents, like rent controls or social housing policies. Otherwise, we risk creating cities where only the rich can live, and where inequalities deepen even further.

Max : C'est une solution, mais les contrôles des loyers ont aussi leurs inconvénients. Ils peuvent décourager les investisseurs et freiner la modernisation des quartiers. Si on veut que les villes

Max: That's one solution, but rent controls also have their downsides. They can discourage investors and slow down the modernisation of neighbourhoods. If we want cities to keep developing, we also need to encourage investment, even if it brings some changes.

Sophie : Mais l'investissement ne devrait pas se faire au détriment des plus vulnérables. Ce qu'il faut, c'est un développement urbain inclusif, qui profite à tous les habitants, pas seulement à ceux qui peuvent se permettre d'acheter des lofts à plusieurs millions.

Sophie: But investment shouldn't come at the expense of the most vulnerable. What we need is inclusive urban development, which benefits all residents, not just those who can afford to buy million-pound lofts.

Max : Oui, mais c'est plus facile à dire qu'à faire. Les villes sont des organismes complexes, et il est difficile de concilier les besoins de tous. Ce qu'il faut, c'est une vision à long terme et une planification urbaine intelligente, mais même avec ça, il y aura toujours des gagnants et des perdants.

Max: Yes, but that's easier said than done. Cities are complex organisms, and it's hard to balance everyone's needs. What we need is a long-term vision and smart urban planning, but even with that, there will always be winners and losers.

Sophie : C'est justement là où on doit repenser le modèle. La ville ne devrait pas être un lieu où l'on gagne ou perd, mais un espace partagé, où chacun a sa place. Si on continue à laisser la gentrification se développer sans régulation, on risque de voir disparaître des quartiers entiers au profit de la spéculation immobilière.

Sophie: That's exactly where we need to rethink the model. The city shouldn't be a place where people win or lose, but a shared space where everyone has their place. If we let gentrification develop without regulation, we risk seeing entire neighbourhoods disappear in favour of real estate speculation.

Max : Peut-être, mais je crois que la gentrification est inévitable dans une société capitaliste. Les quartiers changent parce que les gens cherchent toujours de nouveaux lieux à investir, à vivre. Le défi, c'est de trouver comment gérer ce changement de manière juste, sans freiner le dynamisme économique des villes.

Max: Maybe, but I think gentrification is inevitable in a capitalist society. Neighbourhoods change because people are always looking for new places to invest in and live. The challenge is finding how to manage this change fairly without hindering the economic dynamism of cities.

Sophie : Justement, je pense que la solution réside dans une meilleure gestion. On peut rénover et moderniser sans exclure les habitants historiques. Il faut des politiques plus fortes pour protéger ces populations, sinon les villes perdront leur diversité sociale et culturelle, et c'est cette diversité qui fait leur richesse.

Sophie: Exactly, I think the solution lies in better management. We can renovate and modernise without excluding the original residents. Stronger policies are needed to protect these populations; otherwise, cities will lose their social and cultural diversity, and it's that diversity that makes them rich.

Max : Je suis d'accord que la diversité est importante, mais je crois aussi que le développement urbain est nécessaire. Il faut moderniser les infrastructures et améliorer les conditions de vie dans les quartiers défavorisés. C'est un équilibre à trouver, mais la gentrification n'est pas entièrement négative si elle est bien gérée.

Max: I agree that diversity is important, but I also believe that urban development is necessary. We need to modernise infrastructures and improve living conditions in disadvantaged areas. It's a balance to be found, but gentrification isn't entirely negative if it's well managed.

Sophie : Peut-être, mais jusqu'à présent, cet équilibre semble difficile à atteindre. Il faut que les villes prennent des décisions courageuses pour éviter que la gentrification ne continue à creuser les inégalités sociales.

Sophie: Maybe, but so far, that balance seems hard to achieve. Cities need to make bold decisions to prevent gentrification from continuing to deepen social inequalities.

94

Surpopulation

Lisa : J'ai lu que la surpopulation est l'une des plus grandes menaces pour l'avenir de notre planète. Plus il y a de gens, plus on consomme de ressources, et plus on aggrave le changement climatique. Qu'est-ce que tu en penses, Daniel ?

Lisa: I read that overpopulation is one of the greatest threats to the future of our planet. The more people there are, the more resources we consume, and the more we worsen climate change. What do you think, Daniel?

Daniel : Je ne suis pas sûr que la surpopulation soit le problème principal. Ce qui compte, c'est la manière dont on utilise les ressources, pas seulement le nombre de personnes. Certains pays ont une empreinte écologique bien plus grande que d'autres, même avec moins d'habitants. C'est la surconsommation qui est vraiment en cause.

Daniel: I'm not sure that overpopulation is the main problem. What matters is how we use resources, not just the number of people. Some countries have a much larger ecological footprint than others, even with fewer people. It's overconsumption that's really to blame.

Lisa : Je suis d'accord que la surconsommation est un gros problème, surtout dans les pays riches. Mais si la population mondiale continue d'augmenter, même avec une consommation modérée, on va quand même manquer de ressources. La Terre a des limites, et on ne peut pas les ignorer.

Lisa: I agree that overconsumption is a big problem, especially in rich countries. But if the global population keeps increasing, even with moderate consumption, we're still going to run out of resources. The Earth has limits, and we can't ignore them.

Daniel : C'est vrai que les ressources ne sont pas infinies, mais je crois qu'avec de meilleures technologies et une gestion plus intelligente, on pourrait soutenir une population plus importante. On a déjà fait des progrès en matière d'agriculture durable, d'énergie renouvelable, et d'efficacité énergétique. La solution n'est pas de réduire la population, mais de mieux répartir les ressources.

Daniel: It's true that resources aren't infinite, but I believe that with better technologies and smarter management, we could support a larger population. We've already made progress with sustainable agriculture, renewable energy, and energy efficiency. The solution isn't to reduce the population, but to distribute resources better.

Lisa : Mais ça, c'est dans un monde idéal. En réalité, les inégalités sont énormes, et les pays qui consomment le plus ne sont pas prêts à réduire leur mode de vie. Et dans les pays en développement, la croissance démographique est exponentielle. Comment on fait pour équilibrer ça ?

Lisa: But that's in an ideal world. In reality, inequalities are huge, and the countries that consume the most aren't willing to reduce their lifestyle. And in developing countries, population growth is exponential. How do we balance that?

Daniel : C'est là que les politiques internationales doivent intervenir. On doit encourager les pays riches à adopter des modes de vie plus durables et aider les pays en développement à accéder aux technologies vertes. L'éducation et la réduction de la pauvreté peuvent aussi ralentir la croissance démographique. Dans beaucoup de pays, la fécondité baisse quand les conditions de vie s'améliorent.

Daniel: That's where international policies need to step in. We have to encourage rich countries to adopt more sustainable lifestyles and help developing countries access green technologies. Education and poverty reduction can also slow population growth. In many countries, fertility rates drop when living conditions improve.

Lisa : Oui, mais l'éducation et la réduction de la pauvreté, ça prend du temps. Pendant ce temps, la population continue d'augmenter, et on continue de dégrader l'environnement. Est-ce qu'on peut vraiment se permettre d'attendre que ces solutions fonctionnent ? Certains parlent même de politiques plus strictes, comme en Chine avec la politique de l'enfant unique.

Lisa: Yes, but education and poverty reduction take time. Meanwhile, the population keeps growing, and we keep degrading the environment. Can we really afford to wait for these solutions to work? Some people are even talking about stricter policies, like China's one-child policy.

Daniel : Je suis contre les politiques coercitives comme celle de la Chine. Elles créent plus de problèmes qu'elles n'en résolvent, comme le vieillissement de la population ou le déséquilibre entre les sexes. Je pense qu'on peut trouver des solutions plus humaines, comme l'accès généralisé à la contraception, le droit des femmes à choisir, et l'éducation. Ces mesures sont plus efficaces à long terme.

Daniel: I'm against coercive policies like China's. They create more problems than they solve, like population aging or gender imbalances. I think we can find more humane solutions, like widespread access to contraception, women's right to choose, and education. These measures are more effective in the long term.

Lisa : Peut-être, mais il y a des pays où même ces mesures ne suffisent pas à réduire la croissance démographique. Et puis, il y a la question des migrations. Avec la crise climatique, de plus en plus de gens devront quitter leurs régions d'origine. La surpopulation dans les villes va devenir un vrai problème.

Lisa: Maybe, but there are countries where even these measures aren't enough to reduce population growth. And then there's the issue of migration. With the climate crisis, more and more people will have to leave their home regions. Overpopulation in cities is going to become a real problem.

Daniel : Les migrations climatiques sont une réalité, mais c'est aussi un problème de gestion. Les villes doivent être repensées pour accueillir plus de monde de manière durable, avec des infrastructures vertes, des transports en commun efficaces, et une meilleure planification urbaine. Ce n'est pas la population en elle-même qui est le problème, mais la manière dont on organise la société.

Daniel: Climate migration is a reality, but it's also a management issue. Cities need to be redesigned to accommodate more people sustainably, with green infrastructure, efficient public transport, and better urban planning. It's not the population itself that's the problem, but how we organise society.

Lisa : Je suis d'accord que la planification est essentielle, mais est-ce que tu penses vraiment qu'on peut continuer à augmenter la population sans que ça devienne un fardeau insupportable pour la planète ? La biodiversité disparaît à cause de l'expansion humaine, et nos émissions de CO2 ne font qu'augmenter. À un moment, il faudra bien limiter la croissance démographique.

Lisa: I agree that planning is essential, but do you really think we can keep increasing the population without it becoming an unbearable burden on the planet? Biodiversity is disappearing because of human expansion, and our CO2 emissions keep rising. At some point, we'll have to limit population growth.

Daniel : Je pense qu'il faut d'abord changer notre façon de vivre et de consommer avant de parler de limiter la population. Si tout le monde adoptait un mode de vie plus durable, on pourrait soutenir une population plus importante sans détruire la planète. Ce n'est pas la quantité d'humains qui pose problème, c'est notre modèle économique.

Daniel: I think we need to change how we live and consume before talking about limiting the population. If everyone adopted a more sustainable lifestyle, we could support a larger population without destroying the planet. It's not the number of people that's the problem, it's our economic model.

Lisa : C'est vrai que le modèle économique est à revoir, mais je crois que la surpopulation reste un facteur qu'on ne peut pas ignorer. Même avec des modes de vie plus durables, une croissance démographique incontrôlée risque d'épuiser les ressources et de créer encore plus de tensions sociales.

Lisa: It's true that the economic model needs to be rethought, but I believe overpopulation is still a factor we can't ignore. Even with more sustainable lifestyles, uncontrolled population growth risks depleting resources and creating even more social tensions.

Daniel : C'est un débat qui n'a pas de solution simple, c'est sûr. Mais au lieu de se focaliser sur le nombre de personnes, je pense qu'on devrait d'abord se concentrer sur les inégalités et la mauvaise gestion des ressources. Si on ne résout pas ces problèmes, même une population stable continuerait de dégrader l'environnement.

Daniel: It's a debate with no simple solution, that's for sure. But instead of focusing on the number of people, I think we should first concentrate on inequalities and the poor management of resources. If we don't solve those issues, even a stable population would still degrade the environment.

Sécurité alimentaire

Clara : La sécurité alimentaire est un sujet de plus en plus préoccupant. Avec la croissance de la population mondiale et le changement climatique, je me demande si on pourra vraiment nourrir tout le monde dans les décennies à venir. Qu'est-ce que tu en penses, Jonas ?

Clara: Food security is becoming an increasingly worrying issue. With the global population growing and climate change, I wonder if we will really be able to feed everyone in the coming decades. What do you think, Jonas?

Jonas : C'est vrai que c'est un défi majeur, mais je pense qu'on peut trouver des solutions. L'agriculture a déjà fait d'énormes progrès en termes de productivité. Si on continue à investir dans des technologies agricoles modernes, comme les cultures génétiquement modifiées ou l'agriculture verticale, je suis sûr qu'on pourra nourrir la planète.

Jonas: It's true that it's a major challenge, but I think we can find solutions. Agriculture has already made huge progress in productivity. If we continue to invest in modern agricultural technologies like genetically modified crops or vertical farming, I'm sure we'll be able to feed the planet.

Clara : Peut-être, mais ces technologies ne sont pas sans risque. Les OGM, par exemple, soulèvent des questions éthiques et environnementales. Et l'agriculture intensive, même si elle augmente les rendements, épuise les sols et pollue les eaux. À long terme, ce n'est pas durable.

Clara: Maybe, but these technologies are not without risks. GMOs, for example, raise ethical and environmental questions. And intensive farming, even though it increases yields, depletes the soil and pollutes water. In the long term, it's not sustainable.

Jonas : Je suis d'accord que l'agriculture intensive a ses limites, mais c'est justement là où les nouvelles technologies peuvent jouer un rôle. On peut développer des techniques plus durables, comme l'agroforesterie ou la permaculture, qui préservent les sols tout en produisant suffisamment de nourriture. Le vrai problème, c'est la répartition des ressources, pas seulement la production.

Jonas: I agree that intensive farming has its limits, but that's where new technologies can play a role. We can develop more sustainable techniques, like agroforestry or permaculture, which preserve the soil while producing enough food. The real problem is the distribution of resources, not just production.

Clara : C'est sûr, mais comment fait-on pour redistribuer efficacement ? Aujourd'hui, une grande partie de la nourriture est gaspillée, tandis que des millions de personnes souffrent encore de la faim. C'est une question de justice sociale autant que de technologie.

Clara: That's true, but how do we redistribute effectively? Today, a large part of food is wasted, while millions of people are still hungry. It's as much a question of social justice as it is technology.

Jonas : Exactement, il faut réformer le système alimentaire mondial. Beaucoup de pays riches gaspillent une quantité énorme de nourriture, tandis que d'autres manquent des ressources de base. Si on réduisait le gaspillage et qu'on améliorait la logistique, on pourrait déjà faire une grande différence sans avoir à augmenter massivement la production.

Jonas: Exactly, we need to reform the global food system. Many wealthy countries waste an enormous amount of food, while others lack basic resources. If we reduced waste and improved logistics, we could already make a big difference without massively increasing production.

Clara : Et puis, il y a aussi la question de l'impact environnemental. L'agriculture est responsable d'une grande partie des émissions de gaz à effet de serre, sans parler de la déforestation pour l'élevage et les monocultures. On ne peut pas continuer à produire de la nourriture de cette manière sans aggraver la crise climatique.

Clara: And then there's the environmental impact. Agriculture is responsible for a large part of greenhouse gas emissions, not to mention deforestation for livestock and monocultures. We can't continue to produce food this way without worsening the climate crisis.

Jonas : C'est vrai, mais on peut rendre l'agriculture plus verte. Il existe déjà des initiatives pour rendre l'élevage moins polluant ou pour promouvoir une alimentation à base de plantes, qui est beaucoup moins gourmande en ressources. Il faut encourager les gens à adopter des régimes alimentaires plus durables.

Jonas: That's true, but we can make agriculture greener. There are already initiatives to make livestock farming less polluting or to promote plant-based diets, which are much less resource-intensive. We need to encourage people to adopt more sustainable eating habits.

Clara : Tu parles de l'alimentation à base de plantes, mais tout le monde n'est pas prêt à devenir végétarien ou végétalien. C'est une question de culture, et dans certaines régions du monde, la viande est au centre de l'alimentation. Est-ce qu'on peut vraiment changer ces habitudes ?

Clara: You talk about plant-based diets, but not everyone is ready to become vegetarian or vegan. It's a cultural issue, and in some regions of the world, meat is at the centre of the diet. Can we really change these habits?

Jonas : Ce n'est pas forcément une question de tout ou rien. Même une réduction modeste de la consommation de viande peut avoir un impact énorme sur l'environnement. Il ne s'agit pas de forcer les gens à changer radicalement, mais plutôt de les encourager à adopter des habitudes plus équilibrées.

Jonas: It's not necessarily an all-or-nothing issue. Even a modest reduction in meat consumption can have a huge impact on the environment. It's not about forcing people to change radically, but rather encouraging them to adopt more balanced habits.

Clara : Peut-être, mais il y a aussi la pression des lobbies agricoles et industriels. Ces industries sont puissantes, et elles ne vont pas se laisser faire facilement. Si on veut vraiment réformer le système alimentaire, il faudra s'attaquer à ces intérêts.

Clara: Maybe, but there's also pressure from the agricultural and industrial lobbies. These industries are powerful, and they won't give in easily. If we really want to reform the food system, we'll have to tackle these interests.

Jonas : C'est un défi, c'est sûr. Mais les consommateurs ont aussi beaucoup de pouvoir. Si la demande pour des produits plus durables augmente, les entreprises devront s'adapter. C'est déjà ce qui se passe avec la montée des alternatives à la viande, comme les substituts végétaux ou la viande cultivée en laboratoire.

Jonas: It's a challenge, for sure. But consumers also have a lot of power. If demand for more sustainable products increases, companies will have to adapt. That's already happening with the rise of meat alternatives, like plant-based substitutes or lab-grown meat.

Clara : Oui, mais est-ce que ces alternatives sont vraiment viables à grande échelle ? La viande cultivée en laboratoire est encore très chère, et les substituts végétaux ne sont pas toujours accessibles à tous. Il faut aussi penser à la justice alimentaire : tout le monde doit pouvoir accéder à une alimentation saine et durable.

Clara: Yes, but are these alternatives really viable on a large scale? Lab-grown meat is still very expensive, and plant-based substitutes aren't always accessible to everyone. We also need to think about food justice: everyone should have access to healthy and sustainable food.

Jonas : Tu as raison, c'est une question d'accessibilité. C'est pour ça qu'il est crucial d'investir dans la recherche et de rendre ces technologies plus abordables. Avec le temps, ces alternatives deviendront plus accessibles et contribueront à la sécurité alimentaire mondiale.

Jonas: You're right, it's a matter of accessibility. That's why it's crucial to invest in research and make these technologies more affordable. Over time, these alternatives will become more accessible and contribute to global food security.

Clara : Je l'espère, mais je pense que ça prendra du temps. En attendant, on doit aussi soutenir les petits agriculteurs, surtout dans les pays en développement, qui sont souvent les plus vulnérables aux crises alimentaires. Ils n'ont pas les moyens d'adopter ces nouvelles technologies.

Clara: I hope so, but I think it will take time. In the meantime, we also need to support small farmers, especially in developing countries, who are often the most vulnerable to food crises. They don't have the means to adopt these new technologies.

Jonas : Absolument. La sécurité alimentaire mondiale dépendra aussi de la résilience des petits agriculteurs face aux défis climatiques. Il faut leur fournir les outils, les formations, et les ressources nécessaires pour s'adapter aux changements. Ce n'est qu'en combinant technologie, justice sociale, et durabilité qu'on pourra vraiment résoudre la crise alimentaire.

Jonas: Absolutely. Global food security will also depend on the resilience of small farmers in the face of climate challenges. We need to provide them with the tools, training, and resources they need to adapt to changes. It's only by combining technology, social justice, and sustainability that we'll truly be able to solve the food crisis.

L'économie du partage

Nina : L'économie du partage semble être l'avenir. Des plateformes comme Airbnb, Uber ou BlaBlaCar permettent de partager des ressources, de réduire les coûts et de rendre les services plus accessibles. Je trouve ça génial, pas toi, Lukas ?

Nina: The sharing economy seems to be the future. Platforms like Airbnb, Uber, or BlaBlaCar allow people to share resources, reduce costs, and make services more accessible. I think it's great, don't you, Lukas?

Lukas : Oui, en théorie, c'est une bonne idée. Mais en pratique, je pense que l'économie du partage profite surtout aux plateformes elles-mêmes et non aux utilisateurs ou aux travailleurs. Regarde Uber, par exemple. Les conducteurs sont souvent sous-payés et n'ont aucune protection sociale.

Lukas: Yes, in theory, it's a good idea. But in practice, I think the sharing economy mostly benefits the platforms themselves, not the users or workers. Look at Uber, for example. Drivers are often underpaid and have no social protection.

Nina : C'est vrai que les conditions de travail chez Uber ne sont pas idéales, mais c'est aussi une opportunité pour ceux qui n'ont pas d'emploi stable. Ils peuvent travailler quand ils veulent, sans être liés à un contrat. C'est une forme de flexibilité qui peut être très avantageuse pour certains.

Nina: It's true that working conditions at Uber aren't ideal, but it's also an opportunity for those without stable jobs. They can work when they want, without being tied to a contract. It's a form of flexibility that can be very beneficial for some.

Lukas : Peut-être, mais cette flexibilité a un prix. Les travailleurs de l'économie du partage sont souvent des auto-entrepreneurs, ce qui signifie qu'ils n'ont ni assurance maladie, ni retraite, ni congés payés. C'est un modèle qui précarise encore plus les travailleurs, surtout ceux qui dépendent entièrement de ces plateformes pour vivre.

Lukas: Maybe, but this flexibility comes at a price. Workers in the sharing economy are often self-employed, which means they have no health insurance, no pension, and no paid leave. It's a model that further destabilises workers, especially those who depend entirely on these platforms to live.

Nina : Je suis d'accord que la précarité est un problème, mais ce n'est pas inhérent à l'idée de l'économie du partage. Si les gouvernements mettaient en place des régulations pour mieux protéger les travailleurs, ces plateformes pourraient vraiment devenir une solution innovante pour l'emploi. Le problème, c'est l'absence de régulation, pas le concept lui-même.

Nina: I agree that job insecurity is a problem, but it's not inherent to the concept of the sharing economy. If governments introduced regulations to better protect workers, these platforms could truly become an innovative solution for employment. The problem is the lack of regulation, not the concept itself.

Lukas : Le problème, c'est que ces entreprises se battent contre toute forme de régulation. Elles se présentent comme des "technologies" et non comme des entreprises traditionnelles, pour éviter les lois du travail. À long terme, cela pourrait fragiliser tout le système social. Si tout le monde devient auto-entrepreneur, qui va financer la sécurité sociale ?

Lukas: The problem is that these companies fight against any form of regulation. They present themselves as "technology" companies and not as traditional businesses to avoid labour laws. In the long run, this could weaken the entire social system. If everyone becomes self-employed, who will fund social security?

Nina : C'est une bonne question, mais on peut aussi voir ça comme une opportunité de réinventer le système social. Pourquoi ne pas créer un nouveau modèle où la protection sociale serait détachée de l'emploi ? Le revenu de base universel, par exemple, pourrait être une solution pour ceux qui travaillent dans l'économie du partage.

Nina: That's a good question, but we could also see this as an opportunity to reinvent the social system. Why not create a new model where social protection is separated from employment? Universal basic income, for example, could be a solution for those working in the sharing economy.

Lukas : Le revenu de base, c'est une idée intéressante, mais ça ne résout pas tout. Même avec un revenu de base, les gens ont besoin de stabilité. L'économie du partage ne garantit pas un revenu fixe, et les revenus peuvent être très variables d'un mois à l'autre. Comment planifier sa vie dans ces conditions ?

Lukas: Basic income is an interesting idea, but it doesn't solve everything. Even with basic income, people need stability. The sharing economy doesn't guarantee a fixed income, and earnings can vary greatly from month to month. How do you plan your life under those conditions?

Nina : C'est vrai, mais je pense que l'économie du partage n'est pas faite pour remplacer un emploi traditionnel. C'est plutôt un complément, un moyen de gagner de l'argent en utilisant des ressources qu'on a déjà, comme sa voiture ou son appartement. Ce n'est pas censé devenir une source de revenu principale.

Nina: That's true, but I think the sharing economy isn't meant to replace a traditional job. It's more of a supplement, a way to earn money by using resources you already have, like your car or apartment. It's not meant to become a main source of income.

Lukas : Le problème, c'est que pour beaucoup de gens, c'est devenu une source de revenu principale, surtout dans les grandes villes où les loyers sont exorbitants et où trouver un emploi stable est difficile. Au lieu d'être un complément, l'économie du partage devient une nécessité pour boucler les fins de mois.

Lukas: The problem is that for many people, it has become a main source of income, especially in big cities where rent is exorbitant and finding a stable job is difficult. Instead of being a supplement, the sharing economy becomes a necessity to make ends meet.

Nina : C'est là que la régulation est cruciale. Si on encadre mieux ces plateformes, on pourrait éviter les abus et garantir que l'économie du partage reste ce qu'elle est censée être : une opportunité supplémentaire, pas une solution de dernier recours.

D'ailleurs, l'idée de partager des ressources, au lieu de toujours acheter du neuf, est aussi bénéfique pour l'environnement.

Nina: That's where regulation is crucial. If we better regulate these platforms, we could prevent abuse and ensure that the sharing economy remains what it's supposed to be: an extra opportunity, not a last resort. Also, the idea of sharing resources instead of always buying new is beneficial for the environment.

Lukas : C'est vrai que partager des ressources peut réduire la consommation et avoir un impact positif sur l'environnement. Mais encore une fois, si on n'encadre pas ces plateformes, elles peuvent aussi avoir des effets pervers. Par exemple, avec Airbnb, on a vu des villes où le prix des loyers a explosé parce que les propriétaires préfèrent louer à court terme aux touristes plutôt qu'à long terme aux habitants locaux.

Lukas: It's true that sharing resources can reduce consumption and have a positive impact on the environment. But again, if we don't regulate these platforms, they can also have negative effects. For example, with Airbnb, we've seen cities where rent prices have skyrocketed because owners prefer short-term rentals to tourists rather than long-term rentals to local residents.

Nina : C'est un vrai problème, surtout dans les grandes villes touristiques. Mais là encore, c'est une question de régulation. Certaines villes comme Barcelone ou Amsterdam ont déjà mis en place des limites sur les locations Airbnb pour éviter ces dérives. Ça montre bien que l'économie du partage peut fonctionner si elle est bien encadrée.

Nina: That's a real problem, especially in big tourist cities. But again, it's a question of regulation. Some cities, like Barcelona or Amsterdam, have already implemented limits on Airbnb rentals to prevent these issues. It shows that the sharing economy can work if it's well-regulated.

Lukas : Peut-être, mais je reste sceptique. L'économie du partage, telle qu'elle est aujourd'hui, semble plus profiter aux grandes plateformes qu'aux utilisateurs ou aux travailleurs. Les bénéfices sont centralisés, tandis que les risques et la précarité sont décentralisés. Si on ne change pas radicalement ce modèle, je crains que cela ne fasse qu'aggraver les inégalités.

Lukas: Maybe, but I remain sceptical. The sharing economy, as it stands today, seems to benefit the big platforms more than the users or workers. The profits are centralised, while the risks and instability are decentralised. If we don't radically change this model, I fear it will only worsen inequalities.

Nina : Je suis d'accord que le modèle doit évoluer, mais je pense qu'on ne peut pas non plus ignorer les aspects positifs. L'économie du partage offre de la flexibilité, permet d'optimiser l'utilisation des ressources, et crée des opportunités là où il n'y en avait pas avant. Ce qu'il faut, c'est trouver un équilibre pour que tout le monde en profite, pas seulement les grandes entreprises.

Nina: I agree that the model needs to evolve, but I also think we can't ignore the positive aspects. The sharing economy offers flexibility, optimises the use of resources, and creates opportunities where there were none before. What we need is to find a balance so that everyone benefits, not just the big companies.

Lukas : Oui, l'idée de partage est séduisante, mais elle doit être mise en pratique de manière équitable. Si on veut que l'économie du partage soit vraiment bénéfique, il faudra des réformes profondes pour s'assurer qu'elle ne devienne pas simplement une autre forme d'exploitation déguisée.

Lukas: Yes, the idea of sharing is appealing, but it needs to be put into practice fairly. If we want the sharing economy to be truly beneficial, we'll need deep reforms to ensure it doesn't just become another form of disguised exploitation.

Possession d'armes

Karina : Je ne comprends pas pourquoi certains insistent autant pour défendre la possession d'armes. Ça ne fait qu'aggraver la violence. Moins il y a d'armes en circulation, plus on est en sécurité. Tu n'es pas d'accord, Tobias ?

Karina: I don't understand why some people are so insistent on defending gun ownership. It only worsens violence. The fewer guns in circulation, the safer we are. Don't you agree, Tobias?

Tobias : Je comprends tes inquiétudes, mais je pense que la possession d'armes est un droit fondamental. Les gens devraient avoir le droit de se protéger, surtout dans des situations où les forces de l'ordre ne peuvent pas intervenir rapidement. Interdire les armes ne fait que désarmer les citoyens honnêtes, pas les criminels.

Tobias: I understand your concerns, but I believe that gun ownership is a fundamental right. People should have the right to protect themselves, especially in situations where law enforcement can't respond quickly. Banning guns only disarms honest citizens, not criminals.

Karina : Mais les statistiques montrent que dans les pays où les lois sur les armes sont plus strictes, il y a moins de fusillades et moins de morts par arme à feu. C'est clair que plus il y a d'armes en circulation, plus il y a de violence. Pourquoi prendre ce risque ?

Karina: But statistics show that in countries with stricter gun laws, there are fewer shootings and fewer gun-related deaths. It's clear that the more guns there are in circulation, the more violence there is. Why take that risk?

Tobias : C'est vrai qu'il y a des cas où moins d'armes équivaut à moins de violence, mais ce n'est pas aussi simple. Les criminels trouveront toujours des moyens d'obtenir des armes, légalement ou illégalement. Si les citoyens ne peuvent pas se défendre, ils sont à la merci de ces criminels. Pour moi, c'est une question de liberté individuelle.

Tobias: It's true that in some cases, fewer guns mean less violence, but it's not that simple. Criminals will always find ways to get guns, legally or illegally. If citizens can't defend themselves, they're at the mercy of these criminals. For me, it's a question of individual freedom.

Karina : Mais cette liberté individuelle met en danger la société tout entière. Quand n'importe qui peut acheter une arme, on ouvre la porte à des tragédies. Il suffit de voir le nombre de fusillades dans des écoles, des centres commerciaux... Ces gens n'auraient jamais dû avoir accès à des armes en premier lieu.

Karina: But that individual freedom endangers society as a whole. When anyone can buy a gun, it opens the door to tragedies. Just look at the number of shootings in schools, shopping centres... These people should never have had access to guns in the first place.

Tobias : C'est là qu'on doit faire la différence entre la possession responsable d'armes et l'accès incontrôlé. Je suis d'accord qu'il faut des vérifications strictes, des contrôles de fond, et des restrictions pour ceux qui présentent un risque. Mais interdire les armes ne résout pas le problème. C'est une question de gestion, pas d'interdiction totale.

Tobias: That's where we need to distinguish between responsible gun ownership and uncontrolled access. I agree we need strict background checks and restrictions for those at risk. But banning guns doesn't solve the problem. It's a matter of management, not total prohibition.

Karina : Le problème, c'est qu'il est très difficile de garantir une gestion vraiment efficace. Même avec des contrôles de fond, il y a des failles. Et puis, une fois que les armes sont en circulation, il est quasiment impossible de les récupérer. Je pense qu'il vaut mieux prévenir que guérir en réduisant leur accès dès le départ.

Karina: The problem is that it's very difficult to guarantee truly effective management. Even with background checks, there are loopholes. And once guns are in circulation, it's almost impossible to get them back. I think it's better to prevent than cure by reducing access from the start.

Tobias : Peut-être, mais les gens ont aussi le droit de se sentir en sécurité chez eux. Il y a des régions, surtout dans des zones rurales ou isolées, où les forces de l'ordre ne peuvent pas intervenir à temps. Dans ces cas-là, avoir une arme peut faire la différence entre la vie et la mort.

Tobias: Maybe, but people also have the right to feel safe in their own homes. There are regions, especially in rural or isolated areas, where law enforcement can't respond in time. In those cases, having a gun can make the difference between life and death.

Karina : Je comprends cet argument, mais je pense qu'on se concentre trop sur la peur. On parle de "se protéger", mais la vérité, c'est que la plupart des gens n'auront jamais à utiliser une arme dans une situation de légitime défense. Et pourtant, la simple présence d'armes augmente les chances d'accidents domestiques ou de violences impulsives.

Karina: I understand that argument, but I think we're focusing too much on fear. We talk about "protecting ourselves", but the truth is most people will never need to use a gun in self-defence. And yet, the mere presence of guns increases the chances of domestic accidents or impulsive violence.

Tobias : C'est vrai qu'il y a des risques, mais c'est là où l'éducation à l'utilisation des armes est cruciale. Si on forme correctement les propriétaires d'armes, on peut réduire les accidents. Ce n'est pas l'arme qui est dangereuse, c'est la manière dont elle est utilisée. Avec une bonne formation, la possession d'armes peut être tout à fait sécurisée.

Tobias: It's true there are risks, but that's where gun safety education is crucial. If we properly train gun owners, we can reduce accidents. It's not the gun that's dangerous, it's how it's used. With proper training, gun ownership can be perfectly safe.

Karina : Mais est-ce que ça suffit vraiment ? Je ne suis pas convaincue. La violence armée reste un problème majeur, et je pense qu'il faut repenser notre rapport aux armes. Plutôt que de normaliser leur possession, on devrait chercher à limiter leur présence dans notre société. Une société sans armes est, à mon avis, une société plus sûre.

Karina: But is that really enough? I'm not convinced. Gun violence is still a major problem, and I think we need to rethink our relationship with guns. Rather than normalising gun ownership, we should be looking to limit their presence in our society. A gun-free society is, in my opinion, a safer society.

Tobias : Je respecte ton opinion, mais je pense qu'une interdiction totale n'est pas réaliste. Il y aura toujours des armes, que ce soit pour la chasse, le sport, ou même la collection. Le vrai défi, c'est de trouver un équilibre entre le droit à la possession et la sécurité publique. On peut renforcer les lois sans pour autant interdire complètement.

Tobias: I respect your opinion, but I think a total ban is not realistic. There will always be guns, whether for hunting, sport, or even collecting. The real challenge is finding a balance between the right to own guns and public safety. We can strengthen laws without completely banning them.

Karina : Peut-être, mais pour moi, la priorité doit être de réduire au maximum le nombre d'armes en circulation. Moins il y en a, moins il y a de risques. On devrait se concentrer sur des solutions qui permettent de désarmer la société, plutôt que d'accepter que les armes fassent partie de notre quotidien.

Karina: Maybe, but for me, the priority should be to reduce the number of guns in circulation as much as possible. The fewer there are, the fewer risks there are. We should focus on solutions that disarm society, rather than accepting that guns are part of our daily lives.

Tobias : Je comprends ta position, mais je pense qu'on peut trouver un juste milieu. La possession d'armes, quand elle est bien encadrée et responsable, ne doit pas être perçue comme une menace, mais comme un droit. Mais oui, il faut des lois strictes pour s'assurer que ce droit n'entraîne pas de dérives.

Tobias: I understand your position, but I think we can find a middle ground. Gun ownership, when properly regulated and responsible, shouldn't be seen as a threat but as a right. But yes, we need strict laws to ensure that this right doesn't lead to abuses.

Censure en ligne

Lisa : La censure en ligne devient de plus en plus courante, et ça me fait vraiment peur. Les plateformes suppriment des contenus, bloquent des comptes, et décident de ce qui peut ou ne peut pas être dit. Est-ce qu'on ne va pas trop loin dans le contrôle de l'information, Tom ?

Lisa: Online censorship is becoming more and more common, and it really scares me. Platforms are removing content, blocking accounts, and deciding what can or cannot be said. Aren't we going too far in controlling information, Tom?

Tom : Je comprends ton inquiétude, mais je pense que la censure en ligne est parfois nécessaire. Il y a tellement de fausses informations, de discours de haine, et de contenus dangereux sur internet. Les plateformes ont la responsabilité de protéger leurs utilisateurs, surtout les plus jeunes, contre ces contenus toxiques.

Tom: I understand your concern, but I think online censorship is sometimes necessary. There's so much misinformation, hate speech, and dangerous content online. Platforms have a responsibility to protect their users, especially the younger ones, from this toxic content.

Lisa : D'accord, mais qui décide de ce qui est "dangereux" ou pas ? C'est ça qui me pose problème. Ce sont des entreprises privées, comme Facebook ou Twitter, qui fixent les règles et qui peuvent censurer n'importe quel contenu s'il ne leur plaît pas. On donne trop de pouvoir à ces géants de la tech.

Lisa: Okay, but who decides what is "dangerous" or not? That's what worries me. It's private companies like Facebook or Twitter setting the rules and censoring any content they don't like. We're giving too much power to these tech giants.

Tom : C'est vrai que ça pose des questions sur le pouvoir des plateformes, mais je pense que c'est un moindre mal. Si on laisse tout le monde dire n'importe quoi sans régulation, ça pourrait avoir des conséquences désastreuses. Regarde les théories du complot sur le Covid ou les élections. Sans un certain contrôle, les fausses informations se propagent et créent la panique.

Tom: It's true that it raises questions about the power of platforms, but I think it's the lesser evil. If we let anyone say whatever they want without regulation, it could have disastrous consequences. Look at the conspiracy theories about Covid or elections. Without some control, misinformation spreads and creates panic.

Lisa : Je suis d'accord que la désinformation est un problème, mais je pense qu'on devrait plutôt miser sur l'éducation des utilisateurs que sur la censure. Les gens devraient apprendre à repérer les fausses informations eux-mêmes, au lieu de laisser une entreprise décider pour eux ce qui est vrai ou faux.

Lisa: I agree that misinformation is a problem, but I think we should focus on educating users rather than on censorship. People should learn to spot fake news themselves instead of letting a company decide for them what is true or false.

Tom : L'éducation est importante, mais ça prend du temps. En attendant, la désinformation continue de faire des ravages. Je pense qu'on doit agir rapidement pour limiter les dégâts. On ne parle pas de censurer des opinions différentes, mais de supprimer des contenus qui incitent à la haine ou qui mettent en danger la santé publique.

Tom: Education is important, but it takes time. Meanwhile, misinformation continues to cause damage. I think we need to act quickly to limit the harm. We're not talking about censoring different opinions, but about removing content that incites hatred or endangers public health.

Lisa : Mais où s'arrête-t-on ? Ce qui commence par des bonnes intentions peut vite déraper. Aujourd'hui, on supprime des contenus dangereux, et demain, on pourrait censurer des débats légitimes sous prétexte qu'ils sont "polémiques". La liberté d'expression est en danger quand on laisse quelques entreprises contrôler tout l'espace public en ligne.

Lisa: But where do we draw the line? What starts with good intentions can quickly go wrong. Today, we remove dangerous content, and tomorrow, legitimate debates could be censored just because they're "controversial." Freedom of speech is at risk when we let a few companies control the entire public space online.

Tom : C'est un vrai risque, c'est vrai. Mais je pense que des garde-fous peuvent être mis en place. Il faut que les règles de modération soient transparentes et que les utilisateurs puissent contester les décisions de censure. De plus, ce n'est pas seulement aux entreprises privées de gérer ça, les gouvernements doivent aussi jouer un rôle.

Tom: That's a real risk, it's true. But I think safeguards can be put in place. The moderation rules need to be transparent, and users should be able to challenge censorship decisions. Also, it's not just up to private companies to handle this—governments need to play a role too.

Lisa : Justement, l'implication des gouvernements peut être encore plus problématique. Dans certains pays, la censure en ligne est déjà utilisée pour réprimer les dissidents politiques ou contrôler l'opinion publique. Si on commence à légitimer la censure, même pour de bonnes raisons, on ouvre la porte à des abus.

Lisa: Exactly, and government involvement can be even more problematic. In some countries, online censorship is already used to suppress political dissidents or control public opinion. If we start legitimising censorship, even for good reasons, we're opening the door to abuse.

Tom : Je suis d'accord que c'est un risque, surtout dans les régimes autoritaires. Mais dans les démocraties, je pense qu'on peut trouver un équilibre. Il faut des lois claires qui encadrent la censure en ligne pour protéger à la fois la liberté d'expression et la sécurité des utilisateurs. C'est un équilibre délicat, mais il est possible.

Tom: I agree it's a risk, especially in authoritarian regimes. But in democracies, I think we can find a balance. We need clear laws governing online censorship to protect both free speech and user safety. It's a delicate balance, but it's possible.

Lisa : Je l'espère, mais je reste méfiante. Je pense qu'on doit défendre la liberté d'expression coûte que coûte, même si cela signifie qu'il y aura des contenus désagréables en ligne. Le débat et la discussion sont toujours meilleurs que la censure, même face à la désinformation.

Lisa: I hope so, but I remain cautious. I think we must defend freedom of speech at all costs, even if that means there will be unpleasant content online. Debate and discussion are always better than censorship, even in the face of misinformation.

Tom : Je respecte ton point de vue, mais je pense que certaines formes d'expression dépassent les limites du débat sain. Les discours de haine ou les appels à la violence ne peuvent pas être tolérés, même au nom de la liberté d'expression. On doit protéger la société des conséquences de ces excès.

Tom: I respect your point of view, but I think some forms of expression cross the line of healthy debate. Hate speech or calls for violence cannot be tolerated, even in the name of free speech. We must protect society from the consequences of these extremes.

Lisa : Je suis d'accord que les appels à la violence sont inacceptables, mais la question est de savoir qui définit ces limites. Il faut être très prudent, car une fois qu'on commence à restreindre certains discours, on peut rapidement se retrouver dans une situation où des idées importantes sont supprimées simplement parce qu'elles dérangent.

Lisa: I agree that calls for violence are unacceptable, but the question is, who defines those limits? We need to be very careful, because once we start restricting certain speech, we could quickly end up in a situation where important ideas are suppressed simply because they're inconvenient.

Tom : C'est un vrai dilemme, c'est sûr. Mais je crois que, dans l'ensemble, la censure en ligne, quand elle est bien encadrée et appliquée de manière transparente, peut être un outil pour protéger la société sans pour autant étouffer le débat. Il faut simplement que le processus soit surveillé de près pour éviter les abus.

Tom: It's a real dilemma, for sure. But I believe that, overall, online censorship, when it's well-regulated and applied transparently, can be a tool to protect society without stifling debate. We just need to closely monitor the process to prevent abuse.

Lisa : Peut-être, mais je pense qu'il est plus important de préserver la liberté d'expression que de risquer de glisser vers une société où les idées sont filtrées par quelques entreprises ou gouvernements. La discussion ouverte, même sur des sujets difficiles, est ce qui permet à la société de progresser.

Lisa: Maybe, but I think it's more important to preserve free speech than to risk sliding into a society where ideas are filtered by a few companies or governments. Open discussion, even on difficult topics, is what allows society to progress.

L'économie des petits boulots

Marie : J'ai l'impression que l'économie des petits boulots, ou la gig-economy, devient de plus en plus populaire. Des plateformes comme Uber ou Deliveroo offrent une certaine flexibilité, mais je me demande si ce modèle est vraiment durable à long terme. Qu'en penses-tu, Julien ?

Marie: I feel like the gig economy is becoming more and more popular. Platforms like Uber or Deliveroo offer some flexibility, but I wonder if this model is really sustainable in the long term. What do you think, Julien?

Julien : C'est vrai que la gig-economy offre beaucoup de flexibilité, et pour certaines personnes, c'est une excellente option. Travailler quand on veut, ne pas être lié par un contrat fixe... ça a ses avantages. Mais je pense que ça a aussi un côté très précaire. La plupart de ces travailleurs n'ont pas de sécurité sociale, pas de retraite, et pas de droits du travail traditionnels.

Julien: It's true that the gig economy offers a lot of flexibility, and for some people, it's a great option. Working when you want, not being tied to a fixed contract… that has its advantages. But I think there's also a very precarious side. Most of these workers have no social security, no pension, and no traditional labour rights.

Marie : C'est justement ça qui me dérange. On parle souvent de "liberté" dans la gig-economy, mais en réalité, beaucoup de gens sont forcés d'accepter ces boulots parce qu'ils n'ont pas d'autre option. Ils vivent au jour le jour, sans savoir combien ils gagneront à la fin du mois. Ce n'est pas vraiment une liberté, c'est une forme de précarité déguisée.

Marie: That's exactly what bothers me. We often talk about "freedom" in the gig economy, but in reality, many people are forced to take these jobs because they have no other choice. They live day by day, not knowing how much they'll earn at the end of the month. It's not really freedom; it's a disguised form of precariousness.

Julien : Tu as raison. Ce modèle est souvent présenté comme une nouvelle forme de travail plus souple, mais il profite surtout aux plateformes qui n'ont pas à payer de charges sociales ou à offrir des avantages aux travailleurs. Les employés prennent tous les risques, alors que les plateformes font des profits énormes.

Julien: You're right. This model is often presented as a new, more flexible way of working, but it mainly benefits the platforms, which don't have to pay social charges or provide benefits to workers. The employees take all the risks, while the platforms make huge profits.

Marie : Et le pire, c'est que beaucoup de ces entreprises refusent de considérer leurs travailleurs comme des employés. Elles les traitent comme des "auto-entrepreneurs", ce qui leur permet d'échapper aux lois du travail. Mais en réalité, ces travailleurs sont souvent totalement dépendants de la plateforme pour leurs revenus.

Marie: And the worst part is that many of these companies refuse to consider their workers as employees. They treat them as "self-employed," which allows them to bypass labour laws. But in reality, these workers are often totally dependent on the platform for their income.

Julien : Oui, c'est une manière de contourner les lois. Si un travailleur est un "indépendant", il n'a pas droit aux congés payés, à l'assurance maladie, ou à la retraite. C'est une façon pour ces entreprises de réduire leurs coûts tout en maximisant leurs profits. Mais à long terme, ça crée une classe de travailleurs sans aucune protection sociale.

Julien: Yes, it's a way of circumventing the law. If a worker is "self-employed," they don't have the right to paid leave, health insurance, or a pension. It's a way for these companies to cut costs while maximising profits. But in the long term, it creates a class of workers with no social protection.

Marie : C'est pour ça que je pense qu'on devrait réguler la gig-economy de manière beaucoup plus stricte. Ces plateformes devraient être obligées de fournir des protections de base à leurs travailleurs, comme une assurance et des droits à la retraite. Si on laisse faire, on va finir avec une société où tout le monde travaille sans filet de sécurité.

Marie: That's why I think we should regulate the gig economy much more strictly. These platforms should be required to provide basic protections for their workers, like insurance and pension rights. If we let it continue, we'll end up with a society where everyone works without a safety net.

Julien : Je suis d'accord, mais le problème, c'est que ces plateformes sont très influentes. Elles ont les moyens de faire pression sur les gouvernements pour éviter toute régulation. Et puis, elles offrent des services que beaucoup de gens trouvent pratiques, donc elles ont un soutien populaire, même si le modèle est problématique.

Julien: I agree, but the problem is that these platforms are very influential. They have the means to lobby governments to avoid any regulation. And they offer services that many people find convenient, so they have popular support, even if the model is problematic.

Marie : C'est vrai que beaucoup de gens utilisent ces services sans vraiment penser aux conditions de travail des livreurs ou des chauffeurs. Mais il faudrait sensibiliser le public à ces réalités. Peut-être que si les consommateurs étaient plus conscients, ils choisiraient de soutenir des alternatives plus éthiques.

Marie: It's true that many people use these services without really thinking about the working conditions of the delivery drivers or drivers. But the public needs to be made more aware of these realities. Maybe if consumers were more conscious, they would choose to support more ethical alternatives.

Julien : Oui, mais le problème, c'est que ces alternatives coûtent souvent plus cher. Les gens sont habitués à payer des prix bas pour des services comme Uber ou Deliveroo, et c'est en partie grâce à l'exploitation des travailleurs. Si on veut un modèle plus équitable, il faudra que les consommateurs acceptent de payer un peu plus.

Julien: Yes, but the problem is that these alternatives are often more expensive. People are used to paying low prices for services like

Uber or Deliveroo, and that's partly because of the exploitation of workers. If we want a fairer model, consumers will have to accept paying a bit more.

Marie : C'est vrai, mais je pense que ça en vaut la peine. On ne peut pas continuer à construire une économie basée sur la précarité de millions de travailleurs. Il faut trouver des solutions pour rendre la gig-economy plus juste, même si ça implique de repenser complètement le modèle économique de ces plateformes.

Marie: That's true, but I think it's worth it. We can't keep building an economy based on the precariousness of millions of workers. We need to find solutions to make the gig economy fairer, even if it means completely rethinking the economic model of these platforms.

Julien : Ce ne sera pas facile, mais je crois que c'est possible. Certaines villes et pays commencent déjà à imposer des règles plus strictes, comme en Californie avec la loi AB5, qui vise à reclasser les travailleurs de la gig-economy comme des employés. Ce genre de régulation pourrait devenir la norme si suffisamment de gouvernements suivent l'exemple.

Julien: It won't be easy, but I think it's possible. Some cities and countries are already starting to impose stricter rules, like in California with AB5, which aims to reclassify gig-economy workers as employees. This kind of regulation could become the norm if enough governments follow the example.

Marie : Oui, mais il faudra que les travailleurs eux-mêmes s'organisent aussi. Les syndicats traditionnels n'ont pas encore vraiment pris pied dans la gig-economy, mais ça pourrait changer. Si ces travailleurs se regroupaient, ils pourraient avoir beaucoup plus de poids pour négocier de meilleures conditions.

Marie: Yes, but the workers themselves will also need to get organised. Traditional unions haven't really taken root in the gig economy yet, but that could change. If these workers came together, they could have much more leverage to negotiate better conditions.

Julien : Absolument, mais ce ne sera pas facile. Le modèle de la gig-economy est conçu pour isoler les travailleurs, les empêcher de se regrouper ou de se syndiquer. Chaque travailleur est seul, avec son application. C'est un défi, mais s'ils parviennent à s'unir, ça pourrait vraiment changer la donne.

Julien: Absolutely, but it won't be easy. The gig-economy model is designed to isolate workers, to prevent them from banding together or unionising. Each worker is alone, with their app. It's a challenge, but if they manage to unite, it could really change the game.

Marie : J'espère qu'on verra ce changement bientôt, parce que sinon, la précarité ne fera que s'aggraver. L'économie du futur ne devrait pas être basée sur l'exploitation des plus vulnérables. Il est temps de repenser le modèle pour qu'il soit plus juste pour tout le monde.

Marie: I hope we'll see that change soon, because otherwise, the precariousness will only get worse. The economy of the future shouldn't be based on the exploitation of the most vulnerable. It's time to rethink the model so it's fairer for everyone.

Couverture santé universelle

Marie : J'ai l'impression que l'économie des petits boulots, ou la gig-economy, devient de plus en plus populaire. Des plateformes comme Uber ou Deliveroo offrent une certaine flexibilité, mais je me demande si ce modèle est vraiment durable à long terme. Qu'en penses-tu, Julien ?

Marie: I feel like the gig economy is becoming more and more popular. Platforms like Uber or Deliveroo offer a certain flexibility, but I wonder if this model is really sustainable in the long term. What do you think, Julien?

Julien : C'est vrai que la gig-economy offre beaucoup de flexibilité, et pour certaines personnes, c'est une excellente option. Travailler quand on veut, ne pas être lié par un contrat fixe... ça a ses avantages. Mais je pense que ça a aussi un côté très précaire. La plupart de ces travailleurs n'ont pas de sécurité sociale, pas de retraite, et pas de droits du travail traditionnels.

Julien: It's true that the gig economy offers a lot of flexibility, and for some people, it's a great option. Working when you want, not being tied to a fixed contract… that has its advantages. But I think there's also a very precarious side. Most of these workers don't have social security, pensions, or traditional labour rights.

Marie : C'est justement ça qui me dérange. On parle souvent de "liberté" dans la gig-economy, mais en réalité, beaucoup de gens sont forcés d'accepter ces boulots parce qu'ils n'ont pas d'autre option. Ils vivent au jour le jour, sans savoir combien ils gagneront à la fin du mois. Ce n'est pas vraiment une liberté, c'est une forme de précarité déguisée.

Marie: That's exactly what bothers me. People often talk about "freedom" in the gig economy, but in reality, many people are forced to accept these jobs because they have no other option. They live day to day, without knowing how much they'll earn at the end of the month. It's not really freedom, it's a disguised form of precariousness.

Julien : Tu as raison. Ce modèle est souvent présenté comme une nouvelle forme de travail plus souple, mais il profite surtout aux plateformes qui n'ont pas à payer de charges sociales ou à offrir des avantages aux travailleurs. Les employés prennent tous les risques, alors que les plateformes font des profits énormes.

Julien: You're right. This model is often presented as a new, more flexible way of working, but it mostly benefits the platforms, which don't have to pay social charges or offer benefits to workers. The workers take all the risks, while the platforms make huge profits.

Marie : Et le pire, c'est que beaucoup de ces entreprises refusent de considérer leurs travailleurs comme des employés. Elles les traitent comme des "auto-entrepreneurs", ce qui leur permet d'échapper aux lois du travail. Mais en réalité, ces travailleurs sont souvent totalement dépendants de la plateforme pour leurs revenus.

Marie: And the worst part is that many of these companies refuse to consider their workers as employees. They treat them as "self-employed," which allows them to bypass labour laws. But in reality, these workers are often totally dependent on the platform for their income.

Julien : Oui, c'est une manière de contourner les lois. Si un travailleur est un "indépendant", il n'a pas droit aux congés payés, à l'assurance maladie, ou à la retraite. C'est une façon pour ces entreprises de réduire leurs coûts tout en maximisant leurs profits. Mais à long terme, ça crée une classe de travailleurs sans aucune protection sociale.

Julien: Yes, it's a way of getting around the laws. If a worker is "self-employed," they're not entitled to paid leave, health insurance, or a pension. It's a way for these companies to cut costs while maximising their profits. But in the long term, it creates a class of workers with no social protection.

Marie : C'est pour ça que je pense qu'on devrait réguler la gig-economy de manière beaucoup plus stricte. Ces plateformes devraient être obligées de fournir des protections de base à leurs travailleurs, comme une assurance et des droits à la retraite. Si on laisse faire, on va finir avec une société où tout le monde travaille sans filet de sécurité.

Marie: That's why I think we should regulate the gig economy much more strictly. These platforms should be required to provide basic protections for their workers, like insurance and pension rights. If we let it continue, we'll end up with a society where everyone works without a safety net.

Julien : Je suis d'accord, mais le problème, c'est que ces plateformes sont très influentes. Elles ont les moyens de faire pression sur les gouvernements pour éviter toute régulation. Et puis, elles offrent des services que beaucoup de gens trouvent pratiques, donc elles ont un soutien populaire, même si le modèle est problématique.

Julien: I agree, but the problem is that these platforms are very influential. They have the means to lobby governments to avoid any regulation. And they offer services that many people find convenient, so they have popular support, even though the model is problematic.

Marie : C'est vrai que beaucoup de gens utilisent ces services sans vraiment penser aux conditions de travail des livreurs ou des chauffeurs. Mais il faudrait sensibiliser le public à ces réalités. Peut-être que si les consommateurs étaient plus conscients, ils choisiraient de soutenir des alternatives plus éthiques.

Marie: It's true that many people use these services without really thinking about the working conditions of the delivery drivers or drivers. But we need to raise awareness about these realities. Maybe if consumers were more aware, they'd choose to support more ethical alternatives.

Julien : Oui, mais le problème, c'est que ces alternatives coûtent souvent plus cher. Les gens sont habitués à payer des prix bas pour des services comme Uber ou Deliveroo, et c'est en partie grâce à l'exploitation des travailleurs. Si on veut un modèle plus équitable, il faudra que les consommateurs acceptent de payer un peu plus.

Julien: Yes, but the problem is that these alternatives are often more expensive. People are used to paying low prices for services like Uber or Deliveroo, and that's partly because of the exploitation of workers. If we want a fairer model, consumers will have to accept paying a bit more.

Marie : C'est vrai, mais je pense que ça en vaut la peine. On ne peut pas continuer à construire une économie basée sur la précarité de millions de travailleurs. Il faut trouver des solutions pour rendre la gig-economy plus juste, même si ça implique de repenser complètement le modèle économique de ces plateformes.

Marie: That's true, but I think it's worth it. We can't keep building an economy based on the precariousness of millions of workers. We need to find solutions to make the gig economy fairer, even if it means completely rethinking the economic model of these platforms.

Julien : Ce ne sera pas facile, mais je crois que c'est possible. Certaines villes et pays commencent déjà à imposer des règles plus strictes, comme en Californie avec la loi AB5, qui vise à reclasser les travailleurs de la gig-economy comme des employés. Ce genre de régulation pourrait devenir la norme si suffisamment de gouvernements suivent l'exemple.

Julien: It won't be easy, but I believe it's possible. Some cities and countries are already starting to impose stricter rules, like in California with AB5, which aims to reclassify gig economy workers as employees. This kind of regulation could become the norm if enough governments follow the example.

Marie : Oui, mais il faudra que les travailleurs eux-mêmes s'organisent aussi. Les syndicats traditionnels n'ont pas encore vraiment pris pied dans la gig-economy, mais ça pourrait changer. Si ces travailleurs se regroupaient, ils pourraient avoir beaucoup plus de poids pour négocier de meilleures conditions.

Marie: Yes, but the workers themselves will also need to get organised. Traditional unions haven't really taken hold in the gig economy yet, but that could change. If these workers came together, they could have much more leverage to negotiate better conditions.

Julien : Absolument, mais ce ne sera pas facile. Le modèle de la gig-economy est conçu pour isoler les travailleurs, les empêcher de se regrouper ou de se syndiquer. Chaque travailleur est seul, avec son application. C'est un défi, mais s'ils parviennent à s'unir, ça pourrait vraiment changer la donne.

Julien: Absolutely, but it won't be easy. The gig economy model is designed to isolate workers, to prevent them from coming together or unionising. Each worker is alone, with their app. It's a challenge, but if they manage to unite, it could really change things.

Marie : J'espère qu'on verra ce changement bientôt, parce que sinon, la précarité ne fera que s'aggraver. L'économie du futur ne devrait pas être basée sur l'exploitation des plus vulnérables. Il est temps de repenser le modèle pour qu'il soit plus juste pour tout le monde.

Marie: I hope we see that change soon, because otherwise, the precariousness will only worsen. The economy of the future shouldn't be based on the exploitation of the most vulnerable. It's time to rethink the model so that it's fairer for everyone.

Recherche spatiale

Anna : J'ai toujours trouvé la recherche spatiale fascinante, mais parfois je me demande si ça en vaut vraiment la peine. Avec tous les problèmes qu'on a sur Terre – la pauvreté, le changement climatique – est-ce qu'on devrait vraiment dépenser autant d'argent pour explorer l'espace ? Qu'est-ce que tu en penses, Leo ?

Anna: I've always found space exploration fascinating, but sometimes I wonder if it's really worth it. With all the problems we have on Earth—poverty, climate change—should we really be spending so much money on exploring space? What do you think, Leo?

Leo : Je comprends cette préoccupation, mais je pense que la recherche spatiale est essentielle pour l'avenir de l'humanité. Oui, on a des problèmes ici-bas, mais l'espace offre des opportunités incroyables pour résoudre certains de ces problèmes. Par exemple, les satellites jouent un rôle crucial dans la surveillance du climat et des catastrophes naturelles. Sans eux, on aurait beaucoup plus de mal à gérer ces crises.

Leo: I understand the concern, but I think space research is essential for humanity's future. Yes, we have problems here, but space offers incredible opportunities to solve some of them. For example, satellites play a crucial role in monitoring the climate and natural disasters. Without them, it would be much harder to manage these crises.

Anna : C'est vrai que les satellites sont utiles, mais je parle plutôt des missions pour aller sur Mars ou construire des bases lunaires. Ces projets coûtent des milliards, et pendant ce temps, il y a des gens qui n'ont même pas de quoi manger. Est-ce que ce n'est pas un luxe que l'humanité ne peut pas se permettre ?

Anna: It's true that satellites are useful, but I'm talking more about missions to Mars or building lunar bases. These projects cost billions, and meanwhile, there are people who don't even have enough to eat. Isn't that a luxury humanity can't afford?

Leo : Peut-être que ça semble être un luxe, mais je pense qu'à long terme, c'est un investissement. Explorer d'autres planètes, c'est aussi se préparer à l'avenir. La Terre ne sera pas habitable pour toujours, que ce soit à cause du changement climatique ou d'autres catastrophes. Si on ne commence pas à préparer des alternatives maintenant, on pourrait un jour se retrouver sans options.

Leo: Maybe it seems like a luxury, but I think in the long term, it's an investment. Exploring other planets is also about preparing for the future. Earth won't be habitable forever, whether due to climate change or other catastrophes. If we don't start preparing alternatives now, we might one day find ourselves without options.

Anna : Mais c'est justement ça qui me gêne. Pourquoi chercher à quitter la Terre au lieu de se concentrer sur la sauver ? J'ai l'impression que la recherche spatiale devient une excuse pour ne pas faire face aux vrais problèmes que nous avons créés ici. On devrait investir cet argent dans la transition énergétique, la lutte contre la pauvreté, et la préservation de notre planète.

Anna: But that's exactly what bothers me. Why look to leave Earth instead of focusing on saving it? I feel like space research becomes an excuse not to face the real problems we've created here. We should invest that money in the energy transition, fighting poverty, and preserving our planet.

Leo : Je pense qu'on peut faire les deux. L'espace n'est pas une échappatoire, mais une opportunité pour améliorer ce qu'on fait sur Terre. Les technologies développées pour l'espace ont souvent des retombées positives dans d'autres domaines. Par exemple, les panneaux solaires et les systèmes de filtration d'eau ont été initialement conçus pour les missions spatiales et sont maintenant utilisés ici pour rendre la vie plus durable.

Leo: I think we can do both. Space isn't an escape but an opportunity to improve what we do on Earth. Technologies developed for space often have positive spin-offs in other areas. For example, solar panels and water filtration systems were initially designed for space missions and are now used here to make life more sustainable.

Anna : C'est vrai, les retombées technologiques sont réelles. Mais il y a aussi une question de priorité. Nous avons des ressources limitées, et ces projets spatiaux sont extrêmement coûteux. J'ai du mal à voir comment on peut justifier ces dépenses quand il y a tant de besoins urgents ici. Ne devrait-on pas concentrer nos efforts sur ce qui est directement nécessaire à la survie de l'humanité maintenant ?

Anna: It's true, the technological spin-offs are real. But there's also a question of priority. We have limited resources, and these space projects are extremely costly. I struggle to see how we can justify these expenses when there are so many urgent needs here. Shouldn't we focus our efforts on what's directly necessary for humanity's survival right now?

Leo : Je suis d'accord que les besoins sur Terre sont pressants, mais je pense que la recherche spatiale est aussi un projet pour l'humanité dans son ensemble, un projet qui nous pousse à innover, à repousser nos limites. Les découvertes que nous faisons dans l'espace peuvent transformer la manière dont nous vivons ici. De plus, il y a une dimension philosophique à explorer l'univers. Cela nous rappelle à quel point nous sommes petits et vulnérables dans l'immensité du cosmos.

Leo: I agree that the needs on Earth are pressing, but I also think space research is a project for humanity as a whole, one that pushes us to innovate and stretch our limits. The discoveries we make in space can transform how we live here. Plus, there's a philosophical dimension to exploring the universe. It reminds us how small and vulnerable we are in the vastness of the cosmos.

Anna : Je vois l'argument philosophique, mais j'ai l'impression que parfois, on se laisse emporter par le rêve de l'espace, alors que la réalité sur Terre est bien plus urgente. L'exploration spatiale ne résoudra pas la crise climatique ou les inégalités sociales. Et pourtant, on continue à y investir des sommes colossales. Est-ce qu'on n'est pas en train de fuir nos responsabilités ?

Anna: I see the philosophical argument, but I feel like sometimes we get carried away by the dream of space, while the reality on

Earth is much more urgent. Space exploration won't solve the climate crisis or social inequalities. And yet, we keep investing huge sums in it. Aren't we just running away from our responsibilities?

Leo : Je pense que l'exploration spatiale et les responsabilités sur Terre ne s'excluent pas mutuellement. Il est vrai que l'espace ne résoudra pas tous nos problèmes, mais il peut nous apporter des solutions. Par exemple, l'extraction de ressources sur d'autres planètes pourrait réduire la pression sur les ressources terrestres. Et puis, l'espace nous offre une perspective globale qui peut nous aider à mieux comprendre et protéger notre propre planète.

Leo: I don't think space exploration and our responsibilities on Earth are mutually exclusive. It's true that space won't solve all our problems, but it can provide us with solutions. For example, extracting resources from other planets could reduce pressure on Earth's resources. And space offers us a global perspective that can help us better understand and protect our own planet.

Anna : C'est une vision intéressante, mais pour moi, on doit d'abord régler nos problèmes ici avant de penser à l'espace. C'est une question de priorités. La recherche spatiale est passionnante, mais tant que des millions de personnes souffrent de la faim ou n'ont pas accès à l'eau potable, je pense qu'on devrait revoir nos priorités.

Anna: That's an interesting view, but for me, we need to solve our problems here first before thinking about space. It's a question of priorities. Space research is exciting, but as long as millions of people are suffering from hunger or don't have access to clean water, I think we need to reassess our priorities.

Leo : Je comprends ton point de vue, et je suis d'accord que les problèmes sur Terre doivent être au centre de nos préoccupations. Mais je crois aussi que la recherche spatiale peut être une partie de la solution. Elle nous pousse à innover, à coopérer à l'échelle mondiale, et à imaginer un avenir meilleur pour toute l'humanité. C'est un équilibre difficile à trouver, mais je crois que les deux peuvent aller de pair.

Leo: I understand your point of view, and I agree that the problems on Earth should be at the forefront of our concerns. But I also believe that space research can be part of the solution. It pushes us to innovate, to cooperate globally, and to imagine a better future for all of humanity. It's a difficult balance to find, but I believe the two can go hand in hand.

Vaccination obligatoire

Sarah : Je pense que la vaccination obligatoire est une mesure nécessaire pour protéger la santé publique. Quand il s'agit de maladies graves, tout le monde devrait être vacciné pour éviter des épidémies. Qu'en penses-tu, Jonas ?

Sarah: I think mandatory vaccination is a necessary measure to protect public health. When it comes to serious diseases, everyone should be vaccinated to prevent outbreaks. What do you think, Jonas?

Jonas : Je comprends l'argument de la santé publique, mais je suis quand même sceptique. Forcer les gens à se faire vacciner contre leur volonté, c'est une atteinte à la liberté individuelle. Chacun devrait pouvoir décider ce qui est injecté dans son corps.

Jonas: I understand the public health argument, but I'm still sceptical. Forcing people to get vaccinated against their will is an infringement on individual freedom. Everyone should be able to decide what gets injected into their body.

Sarah : Mais la liberté individuelle ne devrait pas passer avant la sécurité collective. Si trop de gens refusent de se faire vacciner, on perd l'immunité de groupe, et des maladies dangereuses peuvent réapparaître. Le vaccin, ce n'est pas seulement une décision personnelle, ça affecte toute la société.

Sarah: But individual freedom shouldn't come before collective safety. If too many people refuse to get vaccinated, we lose herd immunity, and dangerous diseases can re-emerge. The vaccine isn't just a personal decision, it affects the whole of society.

Jonas : C'est vrai, mais je pense que la coercition n'est pas la meilleure solution. On pourrait plutôt miser sur l'éducation et l'information pour convaincre les gens de se faire vacciner volontairement. Obliger les gens ne fait qu'augmenter la méfiance et la résistance.

Jonas: That's true, but I don't think coercion is the best solution. We could focus more on education and information to persuade people to get vaccinated voluntarily. Forcing people only increases mistrust and resistance.

Sarah : On peut essayer d'éduquer, mais parfois, ça ne suffit pas. Certaines personnes sont tellement influencées par des fausses informations qu'elles refusent le vaccin même s'il est prouvé qu'il est sûr et efficace. Dans ces cas-là, il faut des mesures plus fermes pour protéger la population.

Sarah: We can try to educate, but sometimes that's not enough. Some people are so influenced by misinformation that they refuse the vaccine even when it's proven to be safe and effective. In such cases, stricter measures are needed to protect the population.

Jonas : Mais si on commence à rendre les vaccins obligatoires, où est-ce que ça s'arrête ? Aujourd'hui, c'est pour une maladie, mais demain, est-ce qu'on va obliger les gens à se conformer à d'autres interventions médicales "pour le bien commun" ? On entre dans un terrain glissant.

Jonas: But if we start making vaccines mandatory, where does it stop? Today it's for one disease, but tomorrow, will people be forced to comply with other medical interventions "for the common good"? We're on a slippery slope.

Sarah : Je ne pense pas qu'on doive avoir peur d'une pente glissante. Les vaccins sauvent des vies, et on sait qu'ils fonctionnent. Si on a des outils pour éradiquer des maladies ou limiter leur propagation, pourquoi ne pas les utiliser ? C'est une question de responsabilité sociale.

Sarah: I don't think we should be afraid of a slippery slope. Vaccines save lives, and we know they work. If we have tools to eradicate diseases or limit their spread, why not use them? It's a matter of social responsibility.

Jonas : Je ne nie pas l'efficacité des vaccins, mais je crois que l'État ne devrait pas avoir le pouvoir de décider ce qu'on doit faire avec notre corps. L'obligation vaccinale pourrait ouvrir la porte à d'autres restrictions sur notre liberté, et ça, c'est dangereux.

Jonas: I'm not denying the effectiveness of vaccines, but I believe the state shouldn't have the power to decide what we do with our bodies. Mandatory vaccination could open the door to other restrictions on our freedom, and that's dangerous.

Sarah : Mais il y a déjà des obligations dans d'autres domaines pour protéger la société. Par exemple, le port de la ceinture de sécurité est obligatoire en voiture, et personne ne remet ça en question. La vaccination, c'est un peu la même chose : c'est une mesure simple qui protège tout le monde.

Sarah: But there are already obligations in other areas to protect society. For example, wearing a seatbelt is mandatory in cars, and no one questions that. Vaccination is similar: it's a simple measure that protects everyone.

Jonas : La ceinture de sécurité, c'est différent. C'est une décision qui n'affecte que la personne qui la porte, alors que les vaccins sont une intervention médicale. Et puis, certains vaccins peuvent avoir des effets secondaires, même s'ils sont rares. Je pense que les gens doivent pouvoir peser ces risques eux-mêmes.

Jonas: The seatbelt is different. It's a decision that only affects the person wearing it, whereas vaccines are a medical intervention. And some vaccines can have side effects, even if they're rare. I think people should be able to weigh these risks for themselves.

Sarah : Les effets secondaires sont très rares, et les bénéfices du vaccin dépassent largement les risques. C'est pour ça qu'il y a des contrôles rigoureux avant la mise sur le marché. Si on commence à permettre aux gens de refuser le vaccin pour des raisons infondées, on met tout le monde en danger.

Sarah: Side effects are very rare, and the benefits of vaccines far outweigh the risks. That's why there are rigorous checks before they're approved. If we start allowing people to refuse the vaccine for unfounded reasons, we're putting everyone in danger.

Jonas : Je comprends ton point de vue, mais je pense que la liberté de choix est essentielle. Les gens doivent être informés des risques et des avantages, mais la décision finale leur appartient. Une société qui force les individus à prendre des décisions médicales contre leur gré me semble inquiétante.

Jonas: I understand your point of view, but I think freedom of choice is essential. People should be informed of the risks and benefits, but the final decision should be theirs. A society that forces individuals to make medical decisions against their will seems troubling to me.

Sarah : Je crois que dans certains cas, la liberté individuelle doit être limitée pour protéger le bien commun. Si une personne refuse le vaccin et contribue à la propagation d'une maladie, elle met en danger la vie des autres, surtout des plus vulnérables. C'est une question de solidarité.

Sarah: I believe that in some cases, individual freedom must be limited to protect the common good. If someone refuses the vaccine and contributes to the spread of a disease, they're endangering others, especially the most vulnerable. It's a matter of solidarity.

Jonas : Je suis d'accord sur l'importance de la solidarité, mais je pense que la coercition ne doit pas être la réponse. Il vaut mieux convaincre les gens avec des arguments rationnels et leur donner le choix. Une société libre repose sur la confiance, pas sur l'obligation.

Jonas: I agree on the importance of solidarity, but I think coercion shouldn't be the answer. It's better to convince people with rational arguments and give them the choice. A free society is based on trust, not on obligation.

Sarah : Peut-être, mais quand il s'agit de la santé publique, l'urgence peut justifier des mesures plus strictes. Si on laisse trop de place au doute et à la désinformation, on court le risque de retomber dans des situations où des maladies évitables causent des souffrances inutiles.

Sarah: Maybe, but when it comes to public health, urgency can justify stricter measures. If we allow too much room for doubt and misinformation, we risk ending up in situations where preventable diseases cause unnecessary suffering.

Voitures électriques

Laura : Les voitures électriques sont présentées comme la solution idéale pour réduire les émissions de CO2 et lutter contre le changement climatique. Mais je me demande si elles sont vraiment aussi écologiques qu'on le dit. Qu'est-ce que tu en penses, Felix ?

Laura: Electric cars are presented as the perfect solution to reduce CO2 emissions and fight climate change. But I wonder if they are really as eco-friendly as people say. What do you think, Felix?

Felix : Je pense que les voitures électriques sont un grand pas en avant. Elles ne produisent pas d'émissions directes et sont beaucoup plus propres que les voitures à essence ou diesel. Si on veut réduire notre dépendance aux combustibles fossiles, c'est une bonne solution.

Felix: I think electric cars are a big step forward. They don't produce direct emissions and are much cleaner than petrol or diesel cars. If we want to reduce our dependence on fossil fuels, it's a good solution.

Laura : C'est vrai qu'elles ne produisent pas d'émissions en roulant, mais la production des batteries pose problème. Les batteries au lithium nécessitent l'extraction de métaux rares, et ça a un énorme impact environnemental, sans parler des conditions de travail souvent inhumaines dans les mines.

Laura: It's true that they don't produce emissions while driving, but the production of batteries is problematic. Lithium batteries require the extraction of rare metals, which has a huge environmental impact, not to mention the often inhumane working conditions in the mines.

Felix : C'est un point important, mais les technologies évoluent rapidement. On travaille déjà sur des batteries plus durables et des méthodes d'extraction plus propres. Et même si la production des batteries est polluante, sur toute leur durée de vie, les voitures électriques restent beaucoup moins nocives pour l'environnement que les voitures à essence.

Felix: That's an important point, but technology is evolving rapidly. We're already working on more sustainable batteries and cleaner extraction methods. And even though battery production is polluting, over their lifetime, electric cars are still much less harmful to the environment than petrol cars.

Laura : Peut-être, mais il y a aussi la question de l'électricité utilisée pour recharger ces voitures. Dans beaucoup de pays, l'électricité vient encore du charbon ou du gaz. Donc, si on utilise des énergies fossiles pour alimenter les voitures électriques, est-ce qu'on fait vraiment une différence ?

Laura: Maybe, but there's also the question of the electricity used to charge these cars. In many countries, electricity still comes from coal or gas. So if we use fossil fuels to power electric cars, are we really making a difference?

Felix : C'est vrai que dans certains pays, l'électricité n'est pas encore assez verte. Mais à mesure que les énergies renouvelables se développent, les voitures électriques deviendront de plus en plus écologiques. L'important, c'est d'investir dans des infrastructures pour produire plus d'électricité propre, comme l'éolien ou le solaire.

Felix: It's true that in some countries, electricity isn't green enough yet. But as renewable energy develops, electric cars will become more and more eco-friendly. The key is to invest in infrastructure to produce more clean electricity, like wind or solar.

Laura : D'accord, mais il y a aussi la question des déchets. Les batteries des voitures électriques ont une durée de vie limitée, et leur recyclage est un gros défi. Si on ne trouve pas une solution pour gérer ces déchets, on risque de créer un autre problème environnemental.

Laura: Alright, but there's also the issue of waste. Electric car batteries have a limited lifespan, and recycling them is a big challenge. If we don't find a solution to manage this waste, we risk creating another environmental problem.

Felix : Le recyclage des batteries est effectivement un problème à résoudre, mais il y a déjà des progrès. De plus en plus d'entreprises travaillent sur des technologies pour recycler les batteries de manière efficace. Et n'oublie pas que les voitures à essence produisent aussi des déchets, notamment avec les filtres et les huiles. Il ne faut pas idéaliser non plus les voitures thermiques.

Felix: Battery recycling is indeed a problem to solve, but there's already progress being made. More and more companies are working on technologies to recycle batteries efficiently. And don't forget that petrol cars also produce waste, such as filters and oils. We shouldn't idealise traditional cars either.

Laura : Je suis d'accord que les voitures à essence ne sont pas idéales, mais je pense qu'il ne faut pas non plus voir les voitures électriques comme une solution miracle. Il faudrait peut-être repenser complètement notre façon de nous déplacer, au lieu de simplement remplacer un type de voiture par un autre.

Laura: I agree that petrol cars aren't ideal, but I don't think we should see electric cars as a miracle solution either. Maybe we should completely rethink how we travel, instead of just replacing one type of car with another.

Felix : C'est une bonne réflexion. Les voitures électriques ne sont qu'une partie de la solution. Il faut aussi développer les transports en commun, encourager le covoiturage et promouvoir des modes de transport plus écologiques, comme le vélo. Mais les voitures électriques sont quand même un élément clé pour décarboner nos déplacements.

Felix: That's a good point. Electric cars are just part of the solution. We also need to develop public transport, encourage car-sharing, and promote more eco-friendly ways of travelling, like cycling. But electric cars are still a key element in decarbonising our transportation.

Laura : Je suis d'accord qu'elles jouent un rôle, mais je pense qu'il y a trop de focus sur elles en ce moment. On devrait aussi parler plus des solutions pour réduire la dépendance à la voiture en général, comme la création de villes où tout est accessible à pied ou à vélo. Ce serait encore plus écologique.

Laura: I agree that they have a role to play, but I think there's too much focus on them at the moment. We should also talk more about solutions to reduce car dependence altogether, like creating cities where everything is accessible on foot or by bike. That would be even more eco-friendly.

Felix : C'est vrai que réduire l'utilisation de la voiture est une bonne solution, surtout dans les grandes villes. Mais dans certaines régions rurales ou isolées, la voiture reste indispensable. C'est pour ça que les voitures électriques sont importantes : elles offrent une alternative plus propre pour ceux qui ne peuvent pas se passer de voiture.

Felix: It's true that reducing car use is a good solution, especially in big cities. But in some rural or isolated areas, cars are still essential. That's why electric cars are important: they offer a cleaner alternative for those who can't do without a car.

Laura : Peut-être, mais je pense qu'on doit aborder ce sujet avec plus de nuance. Les voitures électriques ne vont pas résoudre tous nos problèmes environnementaux, et il ne faut pas non plus oublier les impacts sociaux et économiques de cette transition. Tout le monde ne peut pas se permettre d'acheter une voiture électrique, par exemple.

Laura: Maybe, but I think we need to approach this with more nuance. Electric cars won't solve all our environmental problems, and we shouldn't forget the social and economic impacts of this transition either. Not everyone can afford to buy an electric car, for example.

Felix : C'est vrai, elles restent chères pour l'instant, mais les prix baissent petit à petit. Avec les subventions et l'évolution des technologies, elles deviendront plus accessibles. Et n'oublie pas qu'elles sont aussi moins chères à entretenir à long terme. Mais je suis d'accord qu'on ne doit pas tout miser sur les voitures électriques. Elles font partie d'un ensemble de solutions pour un avenir plus durable.

Felix: That's true, they're still expensive for now, but prices are slowly dropping. With subsidies and evolving technologies, they'll become more affordable. And don't forget they're also cheaper to maintain in the long run. But I agree, we shouldn't rely entirely on electric cars. They're part of a wider range of solutions for a more sustainable future.

Laura : Je pense que c'est là où on peut se rejoindre. Les voitures électriques sont une solution parmi d'autres, mais il faut penser plus globalement. La transition écologique ne doit pas se limiter à changer de véhicule, elle doit aussi inclure une réflexion sur notre mode de vie et nos priorités en matière de mobilité.

Laura: I think that's where we can agree. Electric cars are one solution among others, but we need to think more broadly. The green transition shouldn't just be about changing vehicles; it should also include a reflection on our lifestyle and our priorities when it comes to mobility.

Responsabilité sociale des entreprises

Clara : La responsabilité sociale des entreprises est de plus en plus importante aujourd'hui. Les grandes entreprises doivent prendre leurs responsabilités et contribuer au bien-être de la société, pas seulement à leurs profits. Qu'en penses-tu, Jonas ?

Clara: Corporate social responsibility is becoming increasingly important today. Big companies need to take responsibility and contribute to society's well-being, not just their profits. What do you think, Jonas?

Jonas : Je suis d'accord que les entreprises doivent jouer un rôle dans la société, mais je pense qu'on exagère parfois leurs responsabilités. À la base, une entreprise est là pour faire des profits. Si elle respecte la loi, pourquoi devrait-elle en faire plus ? Ce n'est pas leur rôle de régler les problèmes sociaux.

Jonas: I agree that companies should play a role in society, but I think we sometimes exaggerate their responsibilities. Fundamentally, a company exists to make profits. If it complies with the law, why should it do more? It's not their job to solve social problems.

Clara : Mais on ne peut plus se permettre de penser comme ça. Les entreprises ont un impact énorme sur l'environnement et sur la société. Elles doivent rendre des comptes, surtout quand elles exploitent des ressources naturelles ou créent des inégalités. Si elles ne sont pas tenues responsables, qui va l'être ?

Clara: But we can't afford to think like that anymore. Companies have a huge impact on the environment and society. They need to be held accountable, especially when they exploit natural resources or create inequalities. If they're not held responsible, who will be?

Jonas : Je comprends ton point de vue, mais je crois que c'est plutôt aux gouvernements de réguler ces questions. Les entreprises ne devraient pas être obligées de se substituer aux États. Leur objectif est de créer de la valeur, et si elles se concentrent trop sur la responsabilité sociale, elles risquent de perdre en compétitivité.

Jonas: I understand your point of view, but I think it's up to governments to regulate these issues. Companies shouldn't be forced to replace the state. Their goal is to create value, and if they focus too much on social responsibility, they risk losing competitiveness.

Clara : Justement, je pense que les entreprises ont tout à gagner en intégrant la responsabilité sociale dans leur stratégie. Les consommateurs sont de plus en plus conscients, ils veulent acheter des produits qui respectent l'environnement et les droits humains. Une entreprise qui ignore cela risque de perdre sa clientèle.

Clara: Exactly, I think companies have everything to gain by integrating social responsibility into their strategy. Consumers are becoming more aware; they want to buy products that respect the environment and human rights. A company that ignores this risks losing its customers.

Jonas : C'est vrai que la demande des consommateurs évolue, mais il y a aussi beaucoup de greenwashing. Certaines entreprises prétendent être responsables alors qu'en réalité, elles ne changent pas grand-chose. C'est parfois plus un coup de marketing qu'une vraie démarche sincère.

Jonas: It's true that consumer demand is evolving, but there's also a lot of greenwashing. Some companies pretend to be responsible when, in reality, they're not changing much. Sometimes it's more of a marketing ploy than a genuine approach.

Clara : C'est un problème, mais je pense que le greenwashing montre aussi que la pression sociale fonctionne. Si les entreprises sentent le besoin de paraître responsables, c'est qu'elles savent que les consommateurs s'en soucient. Il faut juste renforcer la transparence et exiger des preuves concrètes des actions des entreprises.

Clara: That's a problem, but I think greenwashing also shows that social pressure works. If companies feel the need to appear responsible, it means they know consumers care. We just need to increase transparency and demand concrete proof of companies' actions.

Jonas : Oui, mais il ne faut pas non plus trop compter sur les consommateurs pour faire bouger les choses. Tout le monde n'a pas les moyens d'acheter des produits éthiques ou écologiques, surtout quand ils sont plus chers. Les entreprises doivent trouver un équilibre entre être responsables et rester accessibles à tous.

Jonas: Yes, but we shouldn't rely too much on consumers to drive change. Not everyone can afford ethical or eco-friendly products, especially when they're more expensive. Companies need to find a balance between being responsible and remaining accessible to all.

Clara : Je suis d'accord qu'il faut un équilibre, mais il ne s'agit pas seulement de vendre des produits "verts". Les entreprises peuvent aussi améliorer leurs pratiques internes : payer des salaires décents, offrir de bonnes conditions de travail, réduire leur empreinte carbone... Ce n'est pas juste une question de marketing, c'est un engagement global.

Clara: I agree that balance is needed, but it's not just about selling "green" products. Companies can also improve their internal practices: pay decent wages, provide good working conditions, reduce their carbon footprint... It's not just a marketing issue, it's a comprehensive commitment.

Jonas : Mais tout cela coûte de l'argent, et toutes les entreprises ne peuvent pas se permettre de changer leurs pratiques du jour au lendemain. Surtout les petites entreprises, elles risquent de ne pas survivre si on leur impose trop de régulations. C'est plus facile pour les grandes multinationales de se montrer "responsables" parce qu'elles ont les moyens.

Jonas: But all of that costs money, and not every company can afford to change its practices overnight. Especially small businesses, they might not survive if too many regulations are imposed. It's easier for big multinationals to appear "responsible" because they have the means.

Clara : C'est vrai que les petites entreprises ont plus de difficultés, mais justement, c'est là que les gouvernements doivent intervenir pour les soutenir. Et puis, on ne demande pas aux entreprises de tout changer du jour au lendemain. La responsabilité sociale, c'est un processus à long terme, une évolution progressive.

Clara: It's true that small businesses have more difficulties, but that's exactly where governments need to step in to support them. And we're not asking companies to change everything overnight. Social responsibility is a long-term process, a gradual evolution.

Jonas : Je suis d'accord qu'il faut du temps pour que les choses changent, mais je pense qu'il y a un danger à trop responsabiliser les entreprises. Elles peuvent finir par jouer un rôle trop important dans des domaines qui devraient être du ressort des gouvernements, comme l'éducation, la santé ou l'environnement. On ne devrait pas compter sur elles pour tout.

Jonas: I agree that change takes time, but I think there's a danger in putting too much responsibility on companies. They could end up playing too big a role in areas that should be the government's responsibility, like education, healthcare, or the environment. We shouldn't rely on them for everything.

Clara : Je suis d'accord que les gouvernements doivent rester les principaux acteurs, mais les entreprises ont un rôle à jouer. Elles font partie intégrante de la société et bénéficient des ressources publiques, donc elles doivent aussi contribuer au bien commun. C'est une question de responsabilité partagée.

Clara: I agree that governments should remain the main actors, but companies also have a role to play. They are part of society and benefit from public resources, so they must contribute to the common good. It's a matter of shared responsibility.

Jonas : C'est une bonne idée en théorie, mais je pense que la frontière entre ce qui est de la responsabilité des entreprises et ce qui relève des gouvernements doit être bien définie. Si on surcharge les entreprises de responsabilités, elles risquent de perdre de vue leur mission première, qui est de produire des biens et services.

Jonas: That's a good idea in theory, but I think the line between what's the responsibility of companies and what's the role of governments needs to be clearly defined. If we overload companies with responsibilities, they risk losing sight of their main mission, which is to produce goods and services.

Clara : Peut-être, mais je pense que l'époque où les entreprises se concentraient uniquement sur le profit est révolue. Aujourd'hui, elles doivent aussi se préoccuper de leur impact social et environnemental. C'est une nouvelle forme de capitalisme, plus conscient des enjeux du monde dans lequel on vit.

Clara: Maybe, but I think the era where companies focused only on profit is over. Today, they also need to consider their social and environmental impact. It's a new form of capitalism, more aware of the challenges in the world we live in.

Cryptomonnaies

Paul : Les cryptomonnaies, comme le Bitcoin, sont l'avenir de la finance. Elles permettent de se passer des banques traditionnelles et de reprendre le contrôle sur son propre argent. Tu ne trouves pas ça génial, Sophie ?

Paul: Cryptocurrencies, like Bitcoin, are the future of finance. They allow people to bypass traditional banks and take control of their own money. Don't you think that's amazing, Sophie?

Sophie : Je ne suis pas aussi enthousiaste. Certes, les cryptomonnaies offrent une certaine liberté, mais elles sont aussi très risquées. La volatilité est énorme, et beaucoup de gens ont perdu toutes leurs économies en pariant sur le Bitcoin ou d'autres cryptos. Ce n'est pas une manière stable de gérer ses finances.

Sophie: I'm not as enthusiastic. Sure, cryptocurrencies offer some freedom, but they're also very risky. The volatility is huge, and many people have lost all their savings by betting on Bitcoin or other cryptos. It's not a stable way to manage finances.

Paul : C'est vrai que c'est risqué, mais c'est aussi l'essence même de l'innovation. Les cryptos sont encore jeunes, et c'est normal que le marché soit instable. Avec le temps, ces technologies vont se stabiliser et devenir plus sûres. Et puis, les rendements peuvent être énormes si on investit intelligemment.

Paul: It's true that it's risky, but that's the very essence of innovation. Cryptos are still young, and it's normal for the market to be unstable. Over time, these technologies will stabilise and become safer. Plus, the returns can be huge if you invest wisely.

Sophie : Peut-être, mais je pense que cette "liberté" financière est souvent exagérée. Les cryptos sont utilisées pour toutes sortes d'activités illégales, comme le blanchiment d'argent et le financement du terrorisme. Et sans régulation, il n'y a aucune protection pour les utilisateurs en cas de fraude ou de vol.

Sophie: Maybe, but I think this financial "freedom" is often exaggerated. Cryptos are used for all sorts of illegal activities, like money laundering and financing terrorism. And without regulation, there's no protection for users in cases of fraud or theft.

Paul : C'est vrai qu'il y a des abus, mais c'est aussi parce que les régulations ne sont pas encore en place. Une fois que les gouvernements commenceront à encadrer le marché des cryptomonnaies, ces problèmes seront résolus. On ne peut pas rejeter une technologie simplement parce qu'elle est utilisée à mauvais escient par certains.

Paul: It's true that there are abuses, but that's also because regulations aren't in place yet. Once governments start regulating the cryptocurrency market, these problems will be solved. We can't dismiss a technology just because some people misuse it.

Sophie : Oui, mais l'absence de régulation est justement ce qui attire tant de gens vers les cryptomonnaies. Si les gouvernements commencent à les réguler comme les monnaies traditionnelles, alors tout le concept de décentralisation perd de son sens. À quoi bon avoir des cryptos si elles finissent par être contrôlées par les mêmes institutions qu'on cherche à fuir ?

Sophie: Yes, but the lack of regulation is exactly what attracts so many people to cryptocurrencies. If governments start regulating them like traditional currencies, then the whole concept of decentralisation loses its meaning. What's the point of having cryptos if they end up being controlled by the same institutions we're trying to escape?

Paul : Je pense qu'il y a un équilibre à trouver. On peut mettre en place des régulations de base pour protéger les utilisateurs sans pour autant tuer l'innovation. Les cryptomonnaies ne doivent pas être contrôlées de manière aussi rigide que les banques traditionnelles, mais un minimum de surveillance est nécessaire pour éviter les abus.

Paul: I think there's a balance to be found. We can introduce basic regulations to protect users without killing innovation. Cryptocurrencies shouldn't be controlled as rigidly as traditional banks, but a minimum level of oversight is needed to prevent abuse.

Sophie : Peut-être, mais il y a aussi l'énorme impact environnemental des cryptomonnaies à prendre en compte. Le minage de Bitcoin, par exemple, consomme des quantités astronomiques d'énergie. Avec la crise climatique actuelle, est-ce vraiment raisonnable de soutenir une technologie aussi gourmande en ressources ?

Sophie: Maybe, but there's also the huge environmental impact of cryptocurrencies to consider. Bitcoin mining, for example, consumes astronomical amounts of energy. With the current climate crisis, is it really reasonable to support such a resource-intensive technology?

Paul : C'est un vrai problème, mais il y a déjà des cryptos plus écologiques qui utilisent des mécanismes de validation moins énergivores, comme Ethereum qui est passé au proof-of-stake. La technologie évolue, et je pense que les cryptos peuvent devenir beaucoup plus respectueuses de l'environnement à l'avenir.

Paul: It's a real problem, but there are already greener cryptos that use less energy-intensive validation mechanisms, like Ethereum switching to proof-of-stake. The technology is evolving, and I think cryptos can become much more environmentally friendly in the future.

Sophie : Peut-être, mais en attendant, on continue à voir des fermes de minage qui consomment autant d'électricité que des pays entiers. Et tout ça pour une monnaie qui, pour l'instant, n'a pas de véritable utilité dans la vie quotidienne pour la majorité des gens. Les cryptos restent un jeu spéculatif pour une élite technologique.

Sophie: Maybe, but in the meantime, we still see mining farms consuming as much electricity as entire countries. And all of that for a currency that, for now, doesn't have real everyday use for most people. Cryptos remain a speculative game for a tech elite.

Paul : Ce n'est pas tout à fait vrai. De plus en plus de commerces acceptent les cryptomonnaies, et il y a des projets de cryptos stables, comme les stablecoins, qui visent à rendre les transactions plus accessibles au grand public. Ce n'est qu'une question de temps avant que les cryptos ne deviennent une monnaie courante.

Paul: That's not entirely true. More and more businesses are accepting cryptocurrencies, and there are projects for stable cryptos, like stablecoins, which aim to make transactions more accessible to the general public. It's just a matter of time before cryptos become mainstream currency.

Sophie : Peut-être, mais je suis encore sceptique sur leur adoption à grande échelle. Les monnaies traditionnelles ont des siècles d'histoire, et les gouvernements ont tout intérêt à les maintenir. Les cryptomonnaies resteront probablement un marché de niche, intéressant pour les investisseurs, mais sans réelle utilité pour la majorité des gens.

Sophie: Maybe, but I'm still sceptical about their widespread adoption. Traditional currencies have centuries of history, and governments have every interest in maintaining them. Cryptocurrencies will probably remain a niche market, interesting for investors, but without real utility for most people.

Paul : Tu as peut-être raison pour l'instant, mais je pense que tu sous-estimes le potentiel de transformation des cryptos. Elles représentent bien plus qu'un simple outil financier, c'est une révolution dans la manière dont nous concevons la monnaie et la propriété. C'est un mouvement qui ne peut plus être ignoré.

Paul: You may be right for now, but I think you're underestimating the transformative potential of cryptos. They're much more than just a financial tool; they represent a revolution in how we think about money and ownership. It's a movement that can no longer be ignored.

Sophie : Peut-être, mais il faut aussi faire attention à ne pas se laisser emporter par l'enthousiasme technologique. Les cryptomonnaies sont encore jeunes, et il y a beaucoup de risques et d'inconnues. Avant d'investir tout notre avenir financier dans cette technologie, il faut être sûrs que les bénéfices dépassent réellement les dangers.

Sophie: Maybe, but we also need to be careful not to get carried away by technological enthusiasm. Cryptocurrencies are still young, and there are many risks and unknowns. Before investing our entire financial future in this technology, we need to make sure the benefits truly outweigh the dangers.

Villes intelligentes

Lisa : Les villes intelligentes, avec toutes leurs technologies interconnectées, sont souvent présentées comme l'avenir des zones urbaines. Elles promettent une meilleure gestion de l'énergie, des transports et des services publics. Mais je me demande si on ne va pas trop loin en confiant autant de choses à la technologie. Qu'en penses-tu, Thomas ?

Lisa: Smart cities, with all their interconnected technologies, are often presented as the future of urban areas. They promise better management of energy, transport, and public services. But I wonder if we're going too far by entrusting so much to technology. What do you think, Thomas?

Thomas : Je pense que les villes intelligentes sont une grande opportunité pour améliorer la qualité de vie. Avec des systèmes de transport optimisés, des capteurs qui réduisent la consommation d'énergie et des données en temps réel pour gérer la circulation, on peut vraiment rendre les villes plus efficaces et plus écologiques.

Thomas: I think smart cities are a great opportunity to improve the quality of life. With optimised transport systems, sensors that reduce energy consumption, and real-time data to manage traffic, we can really make cities more efficient and more eco-friendly.

Lisa : C'est vrai que les avantages sont nombreux, mais il y a aussi des risques. Le fait de tout connecter à des systèmes numériques crée de nouvelles vulnérabilités. Que se passe-t-il si une ville entière devient dépendante d'une technologie et que celle-ci tombe en panne ou est piratée ? C'est effrayant de penser qu'une cyberattaque pourrait paralyser une ville entière.

Lisa: It's true that the advantages are numerous, but there are also risks. Connecting everything to digital systems creates new vulnerabilities. What happens if an entire city becomes dependent on technology and it breaks down or gets hacked? It's frightening to think that a cyberattack could paralyse an entire city.

Thomas : C'est un risque, oui, mais les technologies évoluent aussi pour devenir plus sûres. Les villes intelligentes sont conçues avec des systèmes de sécurité robustes pour empêcher ce genre de catastrophe. De plus, les technologies offrent des solutions aux problèmes qu'on ne peut plus ignorer, comme la pollution et les embouteillages. Il faut trouver un équilibre.

Thomas: It's a risk, yes, but technology is also evolving to become safer. Smart cities are designed with robust security systems to prevent such disasters. Moreover, technology offers solutions to problems we can no longer ignore, like pollution and traffic jams. We need to find a balance.

Lisa : Je suis d'accord que la technologie peut aider à résoudre certains problèmes, mais je crains que les villes intelligentes ne deviennent un prétexte pour une surveillance de masse. Avec tous ces capteurs, caméras et données collectées, on se rapproche dangereusement d'une société de surveillance. Est-ce qu'on veut vraiment vivre dans une ville où chaque mouvement est suivi ?

Lisa: I agree that technology can help solve certain problems, but I fear that smart cities may become a pretext for mass surveillance. With all these sensors, cameras, and data being collected, we are dangerously close to a surveillance society. Do we really want to live in a city where every move is tracked?

Thomas : C'est une vraie inquiétude, mais je pense que tout dépend de la manière dont ces technologies sont utilisées. Si les données sont anonymisées et utilisées uniquement pour améliorer les services publics, ça peut être très bénéfique. Et puis, les citoyens doivent être impliqués dans les décisions sur la collecte et l'utilisation des données. C'est une question de transparence.

Thomas: It's a real concern, but I think it all depends on how these technologies are used. If the data is anonymised and used solely to improve public services, it can be very beneficial. And citizens should be involved in decisions about data collection and use. It's a matter of transparency.

Lisa : Peut-être, mais est-ce que tu crois vraiment qu'on aura un contrôle sur la manière dont nos données sont utilisées ? Regarde ce qui se passe avec les grandes entreprises technologiques aujourd'hui. Elles accumulent des quantités énormes de données personnelles, souvent sans notre consentement clair. Si on ne fait pas attention, les villes intelligentes pourraient suivre le même chemin.

Lisa: Maybe, but do you really think we'll have control over how our data is used? Look at what's happening with big tech companies today. They accumulate huge amounts of personal data, often without our clear consent. If we're not careful, smart cities could go down the same path.

Thomas : C'est un risque, mais il existe aussi des lois comme le RGPD en Europe, qui protègent la vie privée des citoyens. Si on combine ces protections avec un usage responsable de la technologie, je pense qu'on peut éviter ces dérives. Et puis, les villes intelligentes ne sont pas uniquement basées sur la collecte de données. Elles sont aussi une opportunité de rendre la vie urbaine plus durable et plus agréable.

Thomas: It's a risk, but there are also laws like the GDPR in Europe that protect citizens' privacy. If we combine these protections with responsible use of technology, I think we can avoid those pitfalls. And smart cities aren't just about data collection. They also offer an opportunity to make urban life more sustainable and pleasant.

Lisa : C'est vrai que l'idée de rendre les villes plus durables est séduisante, mais je me demande aussi si ces technologies seront accessibles à tous. Souvent, les innovations technologiques profitent d'abord aux quartiers riches, tandis que les quartiers plus défavorisés restent en retard. Est-ce qu'on ne risque pas de creuser encore plus les inégalités dans les villes intelligentes ?

Lisa: It's true that the idea of making cities more sustainable is appealing, but I also wonder if these technologies will be accessible to everyone. Often, technological innovations benefit wealthy neighbourhoods first, while poorer areas lag behind. Don't we risk deepening inequalities in smart cities?

Thomas : C'est un problème qu'il faut prendre au sérieux. Mais je pense que si les villes intelligentes sont bien conçues, elles peuvent justement réduire ces inégalités. Par exemple, en optimisant les transports publics ou en rendant les services de santé plus accessibles grâce à la technologie, on peut améliorer la vie de tous les habitants, pas seulement des plus riches.

Thomas: It's a serious issue, but I think that if smart cities are well designed, they can actually reduce inequalities. For example, by optimising public transport or making healthcare services more accessible through technology, we can improve life for all residents, not just the wealthy.

Lisa : Peut-être, mais il y a aussi la question des emplois. L'automatisation dans les villes intelligentes risque de remplacer des milliers d'emplois dans les transports, la logistique, ou même les services publics. Qu'est-ce qu'on fait pour les gens qui vont perdre leur travail à cause de ces innovations ?

Lisa: Maybe, but there's also the issue of jobs. Automation in smart cities could replace thousands of jobs in transport, logistics, or even public services. What do we do for the people who will lose their jobs because of these innovations?

Thomas : C'est un vrai défi. Mais l'automatisation crée aussi de nouveaux emplois, notamment dans la gestion des technologies, la maintenance ou le développement de nouvelles solutions urbaines. Il faut investir dans la formation pour que les travailleurs puissent s'adapter à ces nouvelles réalités. C'est une transition, et elle ne doit pas laisser les gens de côté.

Thomas: That's a real challenge. But automation also creates new jobs, especially in managing technologies, maintenance, or developing new urban solutions. We need to invest in training so that workers can adapt to these new realities. It's a transition, and it shouldn't leave people behind.

Lisa : Je l'espère, mais il faudra vraiment une volonté politique forte pour que cette transition se fasse de manière équitable. Sinon, on risque de créer des villes où la technologie n'améliore la vie que pour une élite, tandis que les autres sont laissés pour compte.

Lisa: I hope so, but it will really take strong political will to ensure that this transiton happens fairly. Otherwise, we risk creating cities where technology only improves life for an elite, while others are left behind.

Thomas : Je suis d'accord, mais je crois aussi que la technologie peut être un levier puissant pour améliorer les conditions de vie de tous, à condition qu'elle soit bien utilisée. Les villes intelligentes ne sont pas une solution magique, mais elles offrent des opportunités incroyables pour construire des villes plus vertes, plus sûres et plus efficaces.

Thomas: I agree, but I also believe that technology can be a powerful tool to improve everyone's living conditions, as long as it's used properly. Smart cities aren't a magic solution, but they offer incredible opportunities to build greener, safer, and more efficient cities.

Obsolescence programmée

Marc : Salut Sophie, tu as entendu parler de l'obsolescence programmée ?

Marc: Hi Sophie, have you heard about planned obsolescence?

Sophie : Oui, c'est ce truc où les appareils sont conçus pour tomber en panne juste après la garantie, non ?

Sophie: Yes, it's that thing where devices are designed to break down just after the warranty expires, right?

Marc : Exactement ! C'est un peu comme si les entreprises faisaient exprès pour qu'on soit obligé de racheter leurs produits. C'est assez révoltant, non ?

Marc: Exactly! It's as if companies do it on purpose so we're forced to buy their products again. It's quite outrageous, isn't it?

Sophie : Franchement, oui. Je me souviens de mon ancien smartphone. Il a commencé à ralentir au bout de deux ans, et les mises à jour le rendaient encore plus lent. J'ai dû en acheter un nouveau alors qu'il fonctionnait encore, mais c'était juste insupportable à utiliser.

Sophie: Honestly, yes. I remember my old smartphone. It started slowing down after two years, and the updates made it even slower. I had to buy a new one even though it still worked, but it was just unbearable to use.

Marc : C'est ça le problème. Ils te forcent à acheter du neuf même si l'ancien pourrait encore fonctionner. On est dans une société de consommation qui tourne à plein régime. Et le pire, c'est que ça pollue énormément.

Marc: That's the problem. They force you to buy new stuff even if the old one could still work. We're in a consumer society running at full throttle. And the worst part is, it causes a lot of pollution.

Sophie : C'est clair. Tous ces appareils jetés, ça crée des montagnes de déchets électroniques. Et la plupart ne sont même pas recyclés. C'est un désastre écologique.

Sophie: Absolutely. All these discarded devices create mountains of electronic waste. And most of them aren't even recycled. It's an ecological disaster.

Marc : Tu sais qu'en France, il y a une loi contre ça depuis 2015 ? Les entreprises risquent une grosse amende si elles sont accusées de pratiquer l'obsolescence programmée. Mais bon, est-ce que ça change vraiment quelque chose ?

Marc: Did you know that in France there's been a law against it since 2015? Companies risk a hefty fine if they're accused of practising planned obsolescence. But really, does it change anything?

Sophie : Ouais, j'ai entendu parler de cette loi. Mais entre nous, tu penses que ça dissuade vraiment les grandes entreprises ? Elles trouvent toujours des moyens de contourner les règles, non ?

Sophie: Yeah, I've heard about that law. But honestly, do you think it really discourages big companies? They always find ways to get around the rules, don't they?

Marc : Je pense aussi. Elles sont malignes, et puis, il y a toujours cette pression du marché. Si une entreprise arrête de faire ça, elle risque de perdre face à la concurrence qui continue de vendre des produits « jetables ».

Marc: I think so too. They're clever, and then there's always market pressure. If one company stops doing that, they risk losing to competitors who keep selling disposable products.

Sophie : C'est un cercle vicieux. Et puis, il faut aussi dire que beaucoup de gens préfèrent acheter du neuf, même quand ils pourraient réparer. C'est devenu une habitude.

Sophie: It's a vicious cycle. And then, you have to admit that many people prefer to buy new, even when they could repair it. It's become a habit.

Marc : C'est vrai. On a perdu cette culture de la réparation. Avant, on allait chez le réparateur du coin pour redonner vie à nos appareils. Aujourd'hui, c'est plus facile d'en acheter un nouveau que de réparer l'ancien. Et puis, les pièces détachées sont parfois aussi chères que le produit entier !

Marc: That's true. We've lost the culture of repairing things. Before, we used to go to the local repair shop to bring our devices back to life. Nowadays, it's easier to just buy a new one than repair the old one. And sometimes, spare parts cost as much as the entire product!

Sophie : Oui, c'est fou. Et les produits sont de plus en plus complexes, avec des technologies que seuls les fabricants peuvent réparer. Ça limite encore plus nos choix.

Sophie: Yes, it's crazy. And products are getting more and more complex, with technologies that only the manufacturers can repair. That limits our options even further.

Marc : Il y a des initiatives pour encourager la réparation, comme les « repair cafés » où des bénévoles aident à réparer gratuitement, mais ça reste marginal.

Marc: There are initiatives to encourage repair, like "repair cafés" where volunteers help fix things for free, but it's still pretty niche.

Sophie : C'est une bonne idée, mais est-ce que ça suffira à changer la mentalité des gens ? On est tellement habitués à remplacer plutôt que réparer. Moi-même, je me rends compte que je préfère acheter un nouvel appareil plutôt que de chercher à le réparer.

Sophie: It's a great idea, but will it be enough to change people's mindset? We're so used to replacing things rather than fixing them. I realise that even I prefer buying a new device rather than trying to repair it.

Marc : Ouais, je comprends. Il faudrait peut-être une vraie révolution dans la façon de penser. Des produits plus durables, des entreprises plus responsables, et des consommateurs qui privilégient la qualité à long terme.

Marc: Yeah, I get it. Maybe we need a real revolution in how we think. More durable products, more responsible companies, and consumers who prioritise long-term quality.

Sophie : C'est vrai. Mais tu sais quoi ? Ça commence à bouger. Il y a des marques qui misent sur la durabilité, comme celles qui fabriquent des téléphones modulaires qu'on peut facilement réparer soi-même.

Sophie: That's true. But you know what? Things are starting to change. There are brands focusing on durability, like those that make modular phones that you can easily repair yourself.

Marc : Ah oui, j'ai entendu parler de ça. C'est génial comme concept. Mais est-ce que ça va vraiment se généraliser ? Le grand public est-il prêt à payer plus cher pour des produits plus durables ?

Marc: Oh yeah, I've heard about that. It's a brilliant concept. But will it really catch on? Is the general public ready to pay more for more durable products?

Sophie : C'est la grande question. Mais je pense que, petit à petit, on va y arriver. Avec la crise écologique, les gens prennent de plus en plus conscience de l'importance de consommer différemment.

Sophie: That's the big question. But I think, little by little, we'll get there. With the ecological crisis, people are becoming more aware of the importance of consuming differently.

Marc : Oui, espérons-le. En tout cas, moi, je vais essayer de ne plus tomber dans le piège de l'obsolescence programmée. Peut-être commencer par réparer mon vieux grille-pain qui traîne dans le placard depuis des mois !

Marc: Yes, let's hope so. Anyway, I'm going to try not to fall into the trap of planned obsolescence anymore. Maybe I'll start by fixing my old toaster that's been sitting in the cupboard for months!

Sophie : Haha, bonne chance ! Moi aussi, je vais faire un effort. C'est décidé, plus d'achats impulsifs !

Sophie: Haha, good luck! I'm going to make an effort too. I've decided—no more impulse buys!

Marc : On se tient au courant alors. Prochaine étape : apprendre à être des consommateurs plus responsables !

Marc: Let's keep each other updated then. Next step: learning to be more responsible consumers!

Sophie : Deal !

Sophie: Deal!

Learn French with Conspiracies

Paperback: **ISBN:**9798224446834
Ebook: **ISBN:**9798227176318

Learn French with Adventures

Paperback: **ISBN:**9798227245670

Ebook: **ISBN:**9798227632821

More books, French readers and ebook options on

www.briansmith.de